JOSÉ DE ALENCAR
DRAMAS

José de Alencar (1829-1877)

JOSÉ DE ALENCAR
DRAMAS

Edição preparada por
JOÃO ROBERTO FARIA

Martins Fontes
São Paulo 2005

Copyright © 2005, Livraria Martins Fontes Editora Ltda.,
São Paulo, para a presente edição.

1ª edição
julho de 2005

Acompanhamento editorial
Helena Guimarães Bittencourt
Revisões gráficas
Maria Luiza Favret
Maria Regina Ribeiro Machado
Dinarte Zorzanelli da Silva
Produção gráfica
Geraldo Alves
Paginação
Moacir Katsumi Matsusaki

Dados Internacionais de Catalogação na Publicação (CIP)
(Câmara Brasileira do Livro, SP, Brasil)

Alencar, José de, 1829-1877.
  Dramas / José de Alencar ; edição preparada por João Roberto Faria. – São Paulo : Martins Fontes, 2005. (Coleção dramaturgos do Brasil)

Bibliografia.
ISBN 85-336-2125-6

1. Teatro brasileiro I. Faria, João Roberto. II. Título. III. Série.

05-1784   CDD-869.92

Índices para catálogo sistemático:
1. Teatro : Literatura brasileira   869.92

Todos os direitos desta edição para a língua portuguesa reservados à
Livraria Martins Fontes Editora Ltda.
Rua Conselheiro Ramalho, 330 01325-000 São Paulo SP Brasil
Tel. (11) 3241.3677 Fax (11) 3101.1042
e-mail: info@martinsfontes.com.br http://www.martinsfontes.com.br

COLEÇÃO "DRAMATURGOS DO BRASIL"

Vol. XI – José de Alencar

Esta coleção tem como finalidade colocar ao alcance do leitor a produção dramática dos principais escritores e dramaturgos brasileiros. Os volumes têm por base as edições reconhecidas como as melhores por especialistas no assunto e são organizados por professores e pesquisadores no campo da literatura e dramaturgia brasileiras.

João Roberto Faria, que preparou o presente volume, é o coordenador da coleção. Professor titular de Literatura Brasileira na Universidade de São Paulo, publicou, entre outros livros, *José de Alencar e o teatro* (São Paulo, Perspectiva/Edusp, 1987) e *Idéias teatrais: o século XIX no Brasil* (São Paulo, Perspectiva/Fapesp, 2001).

ÍNDICE

Introdução IX
Cronologia. XXIX
Nota sobre a presente edição XXXIII

DRAMAS

Mãe. 3
O jesuíta 187

INTRODUÇÃO

INTRODUÇÃO

ENTRE O ROMANTISMO E O REALISMO: O DRAMA DE ALENCAR

I

Foi muito grande o interesse de José de Alencar pelo teatro, nos primeiros anos da sua carreira literária. Ele já havia se projetado no meio intelectual da corte com as crônicas "Ao correr da pena" – publicadas nos jornais *Correio Mercantil* e *Diário do Rio de Janeiro*, em 1854 e 1855 – e com os romances *Cinco minutos* (1856) e *O guarani* (1857), quando decidiu se tornar dramaturgo. É muito provável que tenha sido motivado pela importância que o teatro tinha naquele momento na vida cultural e social do Rio de Janeiro e também pelo fato de que duas empresas dramáticas disputavam aguerridamente o favor do público, postas em campos estéticos diferentes. De um lado, estava o Teatro São Pedro de Alcântara, onde brilhava o grande ator romântico João Caetano, com um repertório formado por tragédias neoclássicas, dramas e melodramas; de outro, o Teatro Ginásio Dramático, que vinha oferecendo aos espectadores o que havia de mais novo no teatro francês: as comédias realistas de autores como Alexandre Dumas Filho e Émile Augier, entre outros.

Já como cronista Alencar posicionara-se contra João Caetano, acusando-o de ter feito pouco pelo teatro brasileiro, de ter trabalhado apenas pela glória pessoal, de não ter se atualizado; em contrapartida, havia saudado com entusiasmo a criação do Ginásio Dramático, pondo-o sob a proteção das suas leitoras e apostando na renovação. Foi, portanto, para esse teatro que deliberadamente escreveu as suas primeiras peças. A 28 de outubro de 1857, subiu à cena *O Rio de Janeiro, verso e reverso*, uma comédia curta e sem pretensões, feita para divertir o espectador com tipos colhidos na paisagem fluminense e enredo centrado na figura de um estudante paulista que detesta a corte no primeiro ato e a adora no segundo, mudança provocada pelo namoro com a prima. A crítica e o público a receberam bem, e ela ainda estava em cartaz uma semana depois, quando, a 5 de novembro, houve a estréia de *O demônio familiar*, comédia em quatro atos.

O sucesso foi extraordinário. Alencar fez a crítica da escravidão doméstica num quadro de costumes em que se discutiam também as relações entre o amor, o casamento e o dinheiro. Tratava-se simplesmente da primeira peça escrita no Brasil com base no sistema dramático de Alexandre Dumas Filho. Ou seja, o nosso maior escritor romântico não adotou o modelo do drama estabelecido por Victor Hugo ou Alexandre Dumas pai, preferindo a comédia realista, o chamado "drama de casaca" da geração mais jovem, por acreditar na idéia de que o teatro devia abordar temas contemporâneos e retratar a vida da família e da sociedade para contribuir com o seu aprimoramento moral.

Essa postura levou Alencar a escrever duas outras peças em seguida: *O crédito* e *As asas de um anjo*. A primeira punha em cena uma família assediada por especuladores e agiotas, mas protegida por um rapaz honesto, e apresentava simultaneamente longas discussões sobre os benefícios do crédito como instrumento de ascensão econômica para o homem inteligente e empreendedor. Claramente baseada em *La question d'argent*, de Dumas Filho, a peça brasileira reproduzia os mesmos problemas de feitura: pouca ação dramática, excesso de preleções morais, enredo desprovido de interesse. À estréia, que se deu a 19 de dezembro de 1857, seguiram-se apenas duas outras representações, configurando o primeiro fracasso do autor no teatro. Magoado, antes de terminar o ano, ele manifestou a intenção de não mais escrever peças teatrais, atribuindo a deserção do público ao indiferentismo da sociedade diante do seu espírito inovador.

A verdade é que Alencar não soube reconhecer os defeitos de *O crédito*. Como, nessa altura, já tinha em mãos a quarta peça, *As asas de um anjo*, dedicou-a ao Conservatório Dramático e encaminhou-a ao Ginásio Dramático, que a representou pela primeira vez no dia 30 de maio de 1858. Na dedicatória, lemos que sua intenção como autor dramático foi "pintar os costumes de nossa primeira cidade e apresentar quadros antes verdadeiros do que embelezados pela imaginação e pelo artifício". Nesse projeto de uma dramaturgia de cunho realista, *O Rio de Janeiro, verso e reverso* seria "a comédia da rua"; *O demônio familiar*, "a comédia do interior da casa"; e *O crédito*, "a comédia da sala". Nas três desenham-se, respectivamente, o público, a família e a sociedade. Ainda segundo Alencar, para completar o quadro faltava a pintura da "parte corrupta da população, que já não é nem o público, nem a família, nem a sociedade, e que, entretanto, ainda se acha ligada ao corpo pela aderência da matéria"[1].

Alencar pagou caro pela sua ousadia. A parte corrupta da sociedade a que ele se refere é a prostituição. Eis o universo retratado em *As asas de um anjo*, inspirada parcialmente em *A dama das camélias*, de Dumas Filho. O Conservatório Dramático a havia liberado, mas depois de três representações a polícia a retirou de cena, por considerá-la imoral. A história de Carolina, de moça de família seduzida a prostituta que se regenera pelo amor e pela maternidade, passando pelo luxo e pela miséria, tinha lances e diálogos que no palco pareciam afrontar a moral burguesa. Alencar teve a solidariedade de vários intelectuais e defendeu-se num longo artigo em que apontava justamente a moralidade da peça, que no seu entendimento mostrava o vício para melhor castigá-lo. Era a segunda decepção com o teatro, e, des-

---

1. Texto publicado no *Diário do Rio de Janeiro*, 26 de janeiro de 1858, e reproduzido em João Roberto Faria, *José de Alencar e o teatro*, São Paulo, Perspectiva/Edusp, 1987, p. 23.

ta vez, indignado, o escritor prometia quebrar a sua pena e fazer dos pedaços uma cruz.

II

No final do ano seguinte, com o ânimo serenado, Alencar tinha mais uma peça pronta para o Ginásio Dramático. É provável que tenha refletido muito sobre o fracasso de *O crédito* e o incidente em torno de *As asas de um anjo*, pois pela primeira vez afastou-se do modelo da comédia realista para escrever um drama: *Mãe*. Machado de Assis, que acompanhou de perto os eventos acima relatados, sublinhou que se tratava do "melhor de todos os dramas nacionais até hoje representados – uma obra verdadeiramente dramática, profundamente humana, bem concebida, bem executada, bem concluída". E mais: "Para quem estava acostumado a ver no Sr. José de Alencar o chefe da nossa literatura dramática, a nova peça resgatava todas as divergências anteriores."[2]

O sucesso de *Mãe*, cuja estréia ocorreu a 24 de março de 1860, foi de fato consagrador. Público e crítica uniram-se nos aplausos ao longo da temporada em que a peça ficou em cartaz e nenhum incidente tirou o sono do escritor. Tudo indica que a sociedade brasileira, apesar de majoritariamente escravocrata, comoveu-se com a história da personagem Joana, a mulata que, ocultando a maternidade, é escrava do próprio filho.

---

2. Machado de Assis, *Crítica teatral*, Rio de Janeiro, Jackson, vol. 30, 1950, pp. 243-4.

Pela segunda vez, Alencar punha o escravo em cena. Se em *O demônio familiar* o acento era cômico, agora a intenção é explorar o *drama* da escravidão, a partir de uma situação potencialmente explosiva. Claro que o segredo da protagonista é o motor da peça. Joana vive com o filho Jorge em perfeita paz e harmonia, pois é efetivamente tratada como mãe, não como escrava. O rapaz, de bom coração, dá-lhe inclusive uma carta de alforria, para comemorar o aniversário de vinte e um anos. Nada parece ameaçar essa vida calma e o equilíbrio assentado sobre um segredo que é compartilhado apenas por um velho conhecido de Joana, há muito tempo ausente do Brasil. Mas, quando a peça se inicia, a visita inesperada desse homem deixa no ar a possibilidade da revelação. O Dr. Lima, médico, sem preconceitos, não aceita que Joana não tenha contado a verdade a Jorge.

Os desdobramentos dessa situação são cuidadosamente calculados. Para que o segredo seja revelado no momento certo e desencadeie o desfecho trágico, entram em cena dois outros personagens: Elisa e seu pai, Gomes. São vizinhos de Joana e enfrentam dificuldades financeiras, agravadas pelos ardis do agiota Peixoto, que ameaça pôr o pobre homem na cadeia se não receber uma certa quantia de dinheiro até o final da tarde. Como Jorge e Elisa se amam, o rapaz se sente obrigado a salvar o futuro sogro e, sem recursos, recorre ao Dr. Lima, que, todavia, só poderá trazer-lhe o dinheiro na manhã do dia seguinte. A única solução é vender Joana a Peixoto, ainda que por um dia, pois a resgataria em menos de vinte e quatro horas.

Não nos esqueçamos: Alencar quer comover. Não lhe interessa o final feliz. Assim, as cenas do quarto ato são carregadas de tensão e dramaticidade. E o momento da revelação do segredo de Joana é preparado para causar um forte impacto tanto nos personagens do drama quanto no espectador, ainda que este já o conheça de antemão. Vejamos como os lances obedecem a uma lógica implacável. Pela manhã, Joana foge de Peixoto e vem para casa ver o filho. Em seguida chega o Dr. Lima, que dá o dinheiro a Jorge, que sai à procura do agiota. Não o encontrando, volta para casa, recebe a visita de Elisa e Gomes e sai de cena para mostrar ao futuro sogro os aposentos que ocupará em breve. Enquanto isso, entra Peixoto, perguntando pela sua escrava. O Dr. Lima fica indignado, mas o agiota lhe mostra o papel assinado por Jorge. O velho médico tira os olhos do papel e depara com o rapaz, que está entrando na sala, enquanto Joana aparece no fundo. A indignação explode em seus lábios: "Desgraçado! Tu vendeste tua mãe!"

Machado de Assis, que assistiu a uma das primeiras representações, escreveu: "Eu conheço poucas frases de igual efeito. Sente-se uma contração nervosa ao ouvir aquela revelação inesperada. O lance é calculado com maestria e revela pleno conhecimento da arte no autor."[3]

De fato, é impossível não concordar com Machado. O que se segue é o suicídio de Joana, lance igualmente pungente e bem preparado, pois o veneno que ela ingere pertencia a Gomes e havia sido arrancado das mãos do filho, que por sua vez o recebera de Elisa.

---

3. Idem, p. 165.

O que chama a atenção na organização da trama é que Alencar concentrou ao máximo a ação dramática da peça, que em sua estrutura exterior aproxima-se mais da tragédia clássica do que do drama romântico. Tudo se passa em cerca de vinte e quatro horas, em dois espaços muito próximos um do outro: a sala da casa de Gomes, no primeiro andar de um prédio, e a sala da casa de Jorge, no andar de cima. Essa *unidade de espaço* foi fundamental para estabelecer o relacionamento entre os personagens e para que os conflitos das duas casas se entrecruzassem. Percebe-se também a importância da *unidade de tempo* na construção do ritmo acelerado da ação dramática. A urgência com que os problemas de Gomes devem ser resolvidos leva os personagens ao desespero e às decisões que vão provocar o triste desfecho.

É preciso reconhecer que Alencar estruturou *Mãe* com mão de mestre. Em relação às comédias realistas anteriores, o que se nota é que ele manteve a idéia de abordar um tema contemporâneo, de interesse social, mas sem recorrer à figura do *raisonneur*, isto é, o personagem que em cena manifesta as opiniões do autor sobre os problemas suscitados pelo enredo. Tanto em *O crédito* como em *As asas de um anjo* esse *raisonneur* é responsável pelas lições morais, pelas longas preleções que nos revelam o que Alencar pensava sobre as questões do dinheiro e da prostituição, mas ao preço de prejudicar o ritmo da ação dramática. Em *Mãe*, não está explícito o pensamento do autor em relação à escravidão, o que levou os críticos a se dividirem na interpretação da peça: para alguns, trata-se apenas de um elogio do sentimento materno, sem conotação antiescravista, até porque Alencar foi político do Partido Conservador; para outros, ao contrário, trata-se de uma comovente condenação do cativeiro. Recorramos mais uma vez a Machado de Assis: "Se ainda fosse preciso inspirar ao povo o horror pela instituição do cativeiro, cremos que a representação do novo drama do Sr. José de Alencar faria mais do que todos os discursos que se pudessem proferir no recinto do corpo legislativo, e isso sem que *Mãe* seja um drama demonstrativo e argumentador, mas pela simples impressão que produz no espírito do espectador, como convém a uma obra de arte."[4]

O horror a que se refere Machado pode ser observado tanto no sacrifício que Joana impõe a si mesma – viver ao lado do filho como escrava, sem revelar a verdade para não envergonhá-lo diante da sociedade preconceituosa – quanto na cena em que Peixoto examina a "mercadoria" que está comprando. Ou, principalmente, no desfecho, pois o suicídio da protagonista é uma conseqüência direta dos males da escravidão.

Misturam-se na peça traços típicos do Romantismo e do Realismo. Joana é evidentemente uma figura idealizada. Se por um lado a sua condição social a determina enquanto personagem, por outro a sua consciência do que significa ser escrava na sociedade brasileira a transforma em uma mãe abnegada, que tudo suporta, e que é capaz de sacrificar a própria vida para que o filho não carregue o estigma de uma origem humilhante. O lado romântico do drama es-

---

4. Idem, p. 244.

tende-se também a Jorge, ao tipo de relacionamento que ele mantém com Joana, aos sentimentos que lhe dispensa. Seu comportamento não é obviamente o de um proprietário de escravos. E que dizer de sua reação ao conhecer que Joana é sua mãe? Nenhum espanto, contrariedade ou conflito interior. O bom rapaz não tem preconceitos e aceita a escrava como mãe, exprimindo o seu contentamento numa explosão de júbilo. Ou seja, Alencar pautou-se pela idealização romântica para condenar a instituição do cativeiro. Em vez da crítica direta, do discurso racional, buscou a emoção para atingir o coração do espectador.

Já os aspectos realistas estão presentes nas cenas de comédia entre Joana e Vicente, nos diálogos que reproduzem a fala cotidiana e na própria naturalidade da ação dramática, que procura retratar o universo da família brasileira de poucas posses – lembrem-se as dificuldades financeiras de Gomes e Elisa – em meados do século XIX. Também a punição de Peixoto, no final, parece típica da comédia realista, com sua feição de lição moralizadora, bem como a defesa de valores éticos como o trabalho e a honestidade, que aparece aqui e ali. O próprio Alencar observou que a comédia realista *O demônio familiar* e o drama *Mãe* são peças irmãs, não só porque abordam os problemas da escravidão, mas porque "combinam esse elemento com as aspirações nobres da pureza da família e da regeneração da sociedade"[5].

Por apresentar-se como uma peça híbrida, *Mãe* não é uma realização completa do drama romântico.

---

5. Afrânio Coutinho (org.), *A polêmica Alencar–Nabuco*, Rio de Janeiro, Tempo Brasileiro, 1965, p. 122.

Mas como grande parte do seu sucesso no palco se deveu à figura da protagonista, Alencar mostrou-se autor eclético, capaz de escrever comédias realistas, com personagens que colocam a razão acima da emoção, e dramas pungentes, nos quais o coração domina a ação dos personagens.

III

É impossível saber se João Caetano assistiu à representação de *Mãe*. É quase certo que não tenha ido prestigiar a empresa dramática rival. Mas seguramente alguém lhe contou como era a peça e sua personagem principal. É a única explicação para o pedido que fez a Alencar: queria que o escritor lhe escrevesse um drama para ser representado em data solene, o dia 7 de setembro de 1861. Ator ligado ao Romantismo, João Caetano não incorporou as comédias realistas ao seu repertório e não mudou o seu estilo de interpretação, grandioso e grandiloqüente. Por que então convidaria um dramaturgo ligado ao Teatro Ginásio Dramático para criar-lhe um papel? Muito possivelmente porque esse dramaturgo havia provado, na construção da personagem Joana, que dominava não só os recursos dramáticos realistas, mas também os românticos.

Alencar tinha todos os motivos para recusar. Fizera críticas a João Caetano em passado recente e nenhuma das suas peças afinava-se com o repertório do Teatro São Pedro de Alcântara. Por outro lado, como recusar o pedido do maior ator brasileiro?

Eis aí a origem do drama *O jesuíta*, inteiramente romântico em sua concepção, porque feito sob encomenda para João Caetano. Alencar mergulhou no passado nacional à procura de um assunto adequado à data da independência, mas acabou mesmo lançando mão da imaginação para criar o enredo centrado numa conspiração contra o domínio português, na segunda metade do século XVIII, e na figura de seu líder, Samuel, um jesuíta já idoso que havia dedicado toda a sua vida à causa da liberdade.

Ao contrário das peças anteriores, em que os assuntos abordados são contemporâneos, *O jesuíta* é um drama histórico que se passa em 1759, no Rio de Janeiro. Embora alguns personagens tenham existido de fato, como o conde de Bobadela e Basílio da Gama, a ficção se impõe ao todo, que ganha coerência e organicidade na trama bem urdida, nos conflitos bem armados, na tensão dramática que cresce de ato para ato, até o desfecho surpreendente.

Pode-se dizer que a figura de Samuel domina o drama do começo ao fim. Visionário, patriota, sonhador, seu projeto de libertar o Brasil transforma-se numa idéia fixa que o move cegamente, a ponto de fazê-lo perder a capacidade de discernimento e agir como se o fim a alcançar justificasse todos os meios. O revolucionário que se desenha diante dos nossos olhos enfrenta com coragem e altivez a autoridade portuguesa, mas é baixo e traiçoeiro no confronto com os jovens Estêvão e Constança. À idéia sublime da luta pela liberdade e da construção de um novo país justapõe-se o grotesco dos métodos que revelam a face menos nobre do jesuíta.

Herói tipicamente romântico, que reúne em si a tão desejada harmonia dos contrários preconizada por Victor Hugo, Samuel vive em cena o embate entre a razão e a emoção. Ao abrir-se a peça, ele tem 75 anos de idade e deposita no jovem Estêvão, que criou como um filho, as esperanças de continuidade de seu plano de libertar o Brasil do jugo português. Mas o rapaz está apaixonado por Constança e quer se casar. Esse é o primeiro conflito que a peça estabelece já no primeiro ato e que se desenvolve com extraordinária intensidade, pois Samuel fica dividido entre o amor que sente pelo filho postiço e a fidelidade à luta política. Inicialmente, o que prevalece é o senso político do jesuíta formado na escola de Maquiavel: ele mente, engana, trapaceia, faz o necessário para separar os dois jovens, pois a seu ver o casamento impediria a dedicação de Estêvão ao projeto tão longamente planejado. Eis como avalia suas ações nesse primeiro momento do drama: "Rude combate!... Senti que a minha coragem vacilava! Não, ainda que devesse profanar a pureza dessa menina!... Ainda que fosse necessário sacrificar a sua vida. Sim a sua vida!... O que é a criatura neste mundo senão o instrumento de uma idéia?... Ele amará!... Mas compreenderá, enfim, qual amor é digno do filho desta terra virgem! (*absorto*) Brasil!... Minha pátria!... Quantos anos ainda serão precisos para inscrever teu nome, hoje obscuro, no quadro das grandes nações?... Quanto tempo ainda serás uma colônia entregue à cobiça de aventureiros, e destinada a alimentar com as tuas riquezas o fausto e o luxo de tronos vacilantes?..."

O nacionalismo romântico de Alencar se expressa nas palavras de Samuel, cujo coração é dominado pela razão e determinação política. O enredo do drama ganha complicações novas com a revelação de que os jesuítas serão presos e expulsos do Brasil, no prazo de duas semanas, por ordem do marquês de Pombal. É mais um problema para Samuel resolver, além da ameaça que sofre do conde de Bobadela, o governador do Rio de Janeiro, que quer prendê-lo por conspirar contra a coroa portuguesa. Esse segundo conflito ganha dimensões grandiosas, enredado ao primeiro, uma vez que o conde é pai de Constança, segredo que Samuel colheu no confessionário e do qual vai se valer para enfrentá-lo.

Alencar criou situações dramáticas de cuja eficácia não podemos duvidar. Ao final do terceiro ato, quando o conde de Bobadela vem ao convento prender Samuel, vê a filha ameaçada de morte e é pressionado a não cumprir a ordem de expulsão dos jesuítas. O desafio mútuo dos dois personagens eleva a temperatura do drama e cria grandes expectativas para o último ato. Também o conde deverá decidir se age movido pelo sentimento ou pela razão, isto é, se se dobra à vontade de Samuel para salvar a filha ou se a sacrifica em nome do dever político.

Se *O jesuíta* tivesse sido concebido como uma tragédia, tanto Samuel quanto o conde poderiam ser punidos pela desmedida de seus comportamentos. Como se trata de um drama, os personagens podem enxergar os seus erros e corrigi-los a tempo de evitar o mal maior. Cabe a Estêvão, no início do quarto ato, a tarefa de abrir os olhos de Samuel, num tenso diálogo em que o chama de "sacerdote da prostituição", de "louco", em que o faz duvidar, enfim, das certezas que o moviam: "Concebestes um projeto extravagante, e para realizá-lo todos os meios são bons! A desgraça de um filho a quem educastes, a desonra de uma menina que não vos fez mal, o desespero de ambos; tudo vos parece virtude, tudo vos parece inspirado por Deus! (...) Estais bem certo que a vossa razão, gasta pelos anos, não delira?... que essa grande idéia não seja apenas uma alucinação de vossa inteligência enferma?..."

Esse diálogo é o momento mais dramático de *O jesuíta*. O desespero e a dor de Estêvão comovem Samuel: o revolucionário torna-se pai, o coração domina a razão, o sentimento se sobrepõe à idéia política. Samuel desiste de seu plano e abençoa a união de Estêvão e Constança aos pés do altar. Essa transformação do personagem, depois de dedicar cinqüenta anos de sua vida à causa da emancipação da pátria, pode ser compreendida no âmbito do drama romântico, cujos heróis geralmente conciliam as qualidades do grande e do verdadeiro. Quando Victor Hugo escreveu *Maria Tudor*, explicou no prefácio que fez a protagonista grande como rainha e verdadeira como mulher. Pode-se dizer que Alencar procedeu da mesma maneira na caracterização de Samuel: grande como revolucionário, verdadeiro como pai. É essa segunda qualidade, que esteve colada à primeira ao longo do drama, embora impedida de se manifestar, que agora se impõe, resgatando a dimensão humana do personagem.

O outro conflito vivido por Samuel, o embate contra o conde de Bobadela, perdeu força com o desenlace descrito acima. Constança já não está ameaçada de morte quando o governador vem prender Samuel. Ocorre que um personagem da sua estatura não pode simplesmente acabar preso como o mais comum dos homens. Assim, a cena final guarda uma surpresa para o leitor ou espectador: como o jesuíta é a encarnação de uma idéia que não pode ser aprisionada, ele desaparece por uma porta falsa, não sem antes fazer o seu último discurso patriótico, no qual prevê a libertação do Brasil no século seguinte. O desfecho alegórico dá uma idéia da dimensão grandiosa do personagem, cuja presença em cena deve ser forte o bastante para impressionar tanto os demais personagens quanto os espectadores. Não admira, pois, que Alencar o tenha criado especialmente para João Caetano, ator especializado nesse tipo de papel.

Não bastassem as qualidades da ação dramática e da caracterização dos personagens principais, *O jesuíta* apresenta também personagens secundários bem delineados, que dão um colorido especial ao tempo e ao espaço retratados no drama. A cena é povoada por aventureiros, índios e ciganos envolvidos na conspiração, frades, soldados, todos contribuindo para a criação da "cor local" buscada pelos nossos escritores românticos. Como afirmou Décio de Almeida Prado, trata-se de "um belo drama histórico, arquitetado e realizado de acordo com todas as regras do gênero". E mais: "Mantém a tensão de princípio a fim, vai de expectativa em expectativa, de surpresa em surpresa, entrelaça habilmente, conforme a praxe, vários diferentes interesses: um enredo de amor; uma história de segredos e mistérios; uma causa nobre e patriótica, a independência do

Brasil; e uma idéia moral, a relação entre os meios e os fins."[6]

IV

Pois, apesar das qualidades do drama, por alguma razão João Caetano não gostou do que leu e recusou-se a encená-lo, ao que tudo indica sem dar explicações a Alencar. A irritação do escritor, evidentemente, não foi pequena. E com justa razão. Sendo o principal dramaturgo brasileiro em atividade naquela altura e figura pública na cidade do Rio de Janeiro, ele merecia alguma consideração. Agastado, Alencar vingou-se de leve na peça que escreveu logo em seguida, no mesmo ano de 1861. Em uma das cenas de *O que é o casamento?*, uma comédia realista encenada em outubro de 1862, ele ridicularizou João Caetano ao fazer uma personagem rir do marido ciumento e dizer-lhe que ele tinha "ares de João Caetano no *Otelo*". A observação ferina sobre o papel mais famoso do ator não foi nada comparada à vingança maior: também em 1861, como deputado e um dos relatores do orçamento na Câmara, que desde 1847 aprovava regularmente uma subvenção para o Teatro São Pedro de Alcântara, Alencar conseguiu junto aos seus pares o corte da subvenção, alegando que o ator e empresário João Caetano não cumpria a cláusula que exigia um certo número de

---

6. Décio de Almeida Prado, "A evolução da literatura dramática", in Afrânio Coutinho (org.), *A literatura no Brasil*, 2ª ed., Rio de Janeiro, Sul Americana, 1971, p. 17.

representações de peças brasileiras a cada ano. Se não houve nobreza na atitude do escritor, diga-se, em sua defesa, que ele tinha razão e que vários outros intelectuais do período já haviam feito denúncias semelhantes na imprensa.

Com tantas decepções, Alencar abandonou o teatro para dedicar-se ao romance e à política. Teve apenas uma recaída, em 1865, dando à luz sua última peça, mais uma comédia realista, intitulada *A expiação*, na qual dava seqüência ao enredo de *As asas de um anjo*. Publicada em 1868, não despertou o interesse de nenhum empresário teatral.

Afastado dos palcos, nos anos seguintes o escritor deu-nos as obras-primas que o consagraram como o nosso grande romancista romântico. Aos seus sucessos e fracassos no teatro sucederam-se *Lucíola*, *Iracema*, *As minas de prata*, *Senhora* e tantos outros. Mas sua vida não foi fácil. Espírito inquieto, dado a polêmicas, Alencar brigou muito, tanto com literatos quanto com políticos, chegando inclusive a se indispor com o imperador D. Pedro II. Tudo isso contribuiu muito para torná-lo um homem amargurado e entristecido no final de sua curta vida. Ele estava posto em sossego, em 1875, quando um jovem empresário teatral, Dias Braga, lhe propôs a encenação do até então inédito *O jesuíta*. Pois o malfadado drama estreou a 18 de setembro e depois de um segundo espetáculo, no dia seguinte, foi retirado de cartaz, por absoluta falta de público.

Como explicar tamanho fracasso? Como aceitar que um drama escrito para glorificar o sentimento de amor à pátria tenha merecido a deserção da platéia? Esta talvez tenha sido a maior decepção da vida de

Alencar. Os críticos e cronistas que se manifestaram na imprensa foram em geral benevolentes e não deixaram de apontar as qualidades de *O jesuíta*, mas muitos apontaram defeitos na construção da ação dramática, do protagonista e de alguns personagens. O autor, depois de ler as matérias que saíram nos jornais entre 20 e 25 de setembro, decidiu dar a sua opinião acerca do malogro do drama, defendê-lo de censuras que lhe pareceram equivocadas, explicar em que circunstâncias o escreveu e como o concebeu. Tudo isso foi feito em uma série de quatro artigos intitulada "O teatro brasileiro: a propósito do *Jesuíta*", publicada no jornal *O Globo*, entre 26 de setembro e 4 de outubro. Devido à importância desses textos para a compreensão do drama, da situação do teatro brasileiro em 1875 e das próprias idéias teatrais de Alencar, eles foram incluídos à guisa de prefácio no presente volume. O leitor pode, então, ampliar o seu conhecimento sobre a trajetória teatral do nosso principal escritor romântico, colhendo diretamente em suas palavras as informações e reflexões motivadas por uma peça que ele escreveu com o mais profundo sentimento da nacionalidade e que, no entanto, só lhe trouxe decepções e contrariedades.

JOÃO ROBERTO FARIA

CRONOLOGIA

1829. Nascimento de José de Alencar, em 1º de maio, em Mecejana, Estado do Ceará.

1838-39. Alencar faz uma viagem, por terra, do Ceará à Bahia, em companhia dos pais. Foi uma experiência fundamental para o seu interesse pela paisagem brasileira.

1839-43. No Rio de Janeiro, Alencar faz os estudos secundários.

1843-50. Alencar muda-se para São Paulo, onde faz o curso preparatório para a Faculdade de Direito, na qual ingressa em 1846. Forma-se em 1850, tendo feito o terceiro ano do curso na Faculdade de Direito de Olinda.

1851. No Rio de Janeiro, começa a trabalhar como advogado no escritório do Dr. Caetano Alberto.

1854. Estréia de Alencar como folhetinista do *Correio Mercantil*.

1855. Alencar assume o cargo de redator-gerente do *Diário do Rio de Janeiro*.

1856. O primeiro romance de Alencar, *Cinco minutos*, é publicado no rodapé do *Diário do Rio de*

Janeiro. Também nesse ano e no mesmo jornal o escritor escreve, sob o pseudônimo *Ig*, oito cartas com pesadas críticas ao poema épico *A confederação dos tamoios*, de Gonçalves de Magalhães.

1857. Ano de grande produção intelectual de Alencar. Nos meses de janeiro a abril, publica em forma de folhetim, no *Diário do Rio de Janeiro*, o romance *O guarani*. Nos meses de outubro, novembro e dezembro estréiam, respectivamente, no Teatro Ginásio Dramático, as peças *O Rio de Janeiro, verso e reverso*, *O demônio familiar* e *O crédito*. A segunda o consagra como o principal dramaturgo brasileiro.

1858. A quarta peça de Alencar, *As asas de um anjo*, estréia no Teatro Ginásio Dramático, em maio, e depois de três récitas é proibida pela polícia, que a considera imoral.

1860. Estréia em março, no Teatro Ginásio Dramático, com grande sucesso, o drama *Mãe*.

1861. Início da carreira política de Alencar, que se elege deputado pelo Partido Conservador. Escreve o drama *O jesuíta*, a pedido do ator João Caetano, que desiste de encená-lo.

1862. Alencar publica o romance *Lucíola* e lança os dois primeiros volumes de *As minas de prata*. No Teatro Ateneu Dramático, em outubro, é representada mais uma peça de sua autoria: *O que é o casamento?*.

1864. Alencar casa-se com Giorgiana Augusto Cochrane e publica o romance *Diva*.

1865. Publicação do mais belo romance indianista de Alencar: *Iracema*.

1865-66. Primeira edição na íntegra – seis volumes – de *As minas de prata*. No final de 1865, Alencar começa a publicar as *Cartas de Erasmo*, obra de enorme repercussão no meio político da época.

1868. Convidado a integrar o Gabinete Itaboraí, Alencar torna-se ministro da Justiça. No mesmo ano publica *A expiação*, peça teatral que é uma continuação de *As asas de um anjo*.

1869. Em setembro, Alencar candidata-se ao Senado, fica em primeiro lugar na lista enviada a D. Pedro II, mas não é escolhido. Decepcionado, deixa o Ministério da Justiça em janeiro de 1870 e volta à Câmara.

1870. Publicação dos romances *A pata da gazela* e *O gaúcho*. Em 19 de maio estréia, no Scala, de Milão, a ópera *Il guarany*, extraída do romance de Alencar por Carlos Gomes. Em 2 de dezembro, dá-se a primeira representação da ópera no Rio de Janeiro, com enorme sucesso.

1871. Alencar publica o romance *O tronco do ipê*. Nesse mesmo ano é alvo de ataques de José Feliciano de Castilho e Franklin Távora, que o agridem como escritor e político no hebdomadário *Questões do Dia*, criado para esse fim.

1871-72. Entre novembro de 1871 e março de 1872, é publicado no folhetim do jornal *A República* o romance *Til*.

1872. Primeira edição do romance *Sonhos d'ouro*, precedido de um importante prefácio, no qual Alencar explica o seu projeto de criação de uma literatura nacional. Nesse ano nasce o seu filho Mário de Alencar.

1873. Alencar publica *Alfarrábios*, *O garatuja* e o primeiro volume de *A guerra dos mascates*.

1874. Publicação do romance indianista *Ubirajara* e do segundo volume de *A guerra dos mascates*. Em 9 de maio, no Teatro Lírico Fluminense, estréia uma versão teatral de *O guarani*, feita por Visconti Coaraci e Pereira da Silva. Depois de uma série de representações, Alencar tenta tirá-la de cena e entra em polêmica com os autores da adaptação.

1875. A encenação malsucedida do drama *O jesuíta*, em setembro, leva Alencar a entrar em polêmica com Joaquim Nabuco. São publicados os romances *Senhora* e *O sertanejo*.

1876. Doente, com tuberculose, viaja à Europa para se tratar.

1877. No início do ano, Alencar lança panfletos políticos sob o título *O Protesto*. Em 12 de dezembro, aos 48 anos de idade, morre no Rio de Janeiro.

NOTA SOBRE A PRESENTE EDIÇÃO

O estabelecimento dos textos dos dramas de Alencar foi feito a partir do cotejo das seguintes edições: para *Mãe*, foram consultadas a 2ª edição da Garnier, de 1864, e o 4º volume da *Obra completa* publicada pela Aguilar, em 1960. Para *O jesuíta*, o mesmo volume da Aguilar e a 1ª edição de 1875. Foram corrigidos os erros tipográficos, atualizada a ortografia e mantida a pontuação original.

DRAMAS

MÃE

A Minha Mãe
e minha senhora
D. Ana J. de Alencar

Mãe,

Em todos os meus livros há uma página que me foi inspirada por ti. É aquela em que fala esse amor sublime que se reparte sem dividir-se e remoça quando todas as afeições caducam.

Desta vez não foi uma página, mas o livro todo.

Escrevi-o com o pensamento em ti, cheio de tua imagem, bebendo em tua alma perfumes que nos vêm do céu pelos lábios maternos. Se, pois, encontrares aí uma dessas palavras que dizendo nada exprimem tanto, deves sorrir-te; porque foste tu, sem o querer e sem o saber, quem me ensinou a compreender essa linguagem.

Acharás neste livro uma história simples; simples quanto pode ser.

É um coração de mãe como o teu. A diferença está em que a Providência o colocou o mais baixo que era possível na escala social, para que o amor estreme e a abnegação sublime o elevassem tão alto, que ante ele se curvassem a virtude e a inteligência; isto é, quanto se apura de melhor na lia humana.

A outra que não a ti causaria reparo que eu fosse procurar a maternidade entre a ignorância e a rudeza do cativeiro, podendo encontrá-la nas salas trajando sedas. Mas sentes que se há diamante inalterável é o coração materno, que mais brilha quanto mais espessa é a treva. Rainha ou escrava, a mãe é sempre mãe.

Tu me deste a vida e a imaginação ardente que faz que eu me veja tantas vezes viver em ti, como vives em mim; embora mil circunstâncias tenham modificado a obra primitiva. Me deste o coração que o mundo não gastou, não; mas cerrou-o tanto e tão forte, que só, como agora, no silêncio da vigília, na solidão da noite, posso abri-lo e vazá-lo nestas páginas que te envio.

Recebe, pois, Mãe, do filho a quem deste tanto, esta pequena parcela da alma que bafejaste.

J. DE ALENCAR

Rio de Janeiro, 1859

MÃE

Drama em quatro atos

Representado pela primeira vez no
Ginásio Dramático,
Rio de Janeiro, em 24 de março de 1860.

PERSONAGENS

Dr. Lima
Vicente
Jorge
Elisa
Gomes
Joana
Peixoto

A cena é no Rio de Janeiro.
A época – 1855.

ATO PRIMEIRO

(*Em casa de Gomes. Sala de visitas.*)

Cena I

Elisa *e* Gomes

Gomes
Já estás cosendo, minha filha?

Elisa
Acordei tão cedo... Não tinha que fazer.

Gomes
Por que me ocultas o teu generoso sacrifício?... Cuidas que não adivinhei?

Elisa
O quê, meu pai?... Que fiz eu?...

Gomes
São as tuas costuras que têm suprido esta semana as nossas despesas. Conheceste que eu não tinha dinheiro para os gastos da casa e não me pediste... trabalhaste!

Elisa
Não era a minha obrigação, meu pai?

Gomes
Oh! É preciso que isto tenha um termo!

Elisa
Também hoje é 3 do mês... Vmcê. receberá o seu ordenado.

Gomes
Meu ordenado?... Já o recebi.

Elisa
Ah! Precisou dele para pagar a casa?

Gomes
Depois que morreu tua mãe, Elisa, tenho sofrido muito. Além dessa perda irreparável, as despesas da moléstia me atrasaram de modo, que não sei quando poderei pagar as dívidas que pesam sobre mim.

Elisa
E são muitas?

Gomes
Nem eu sei... Já perdi a cabeça! Mas isto vai acabar... Não é possível viver assim.

Elisa
Que diz, meu pai!

Gomes
Perdoa, Elisa. Foi um grito de desespero... Às vezes, confesso-te, tenho medo de enlouquecer! Até logo.

Cena II

Elisa e Joana

Joana
Bom dia, iaiá.

Elisa
Adeus, Joana.

Joana
Iaiá está boa?

Elisa
Boa, obrigada.

Joana
Sr. Gomes já foi para a repartição...

Elisa
Saiu agora mesmo.

Joana
Encontrei ele na escada. Hoje não é dia de lição de nhonhô Jorge?

ELISA
Segunda-feira... É, e ainda nem tive tempo de passar os olhos por ela.

JOANA
Então como há de ser?

ELISA
Estou acabando esta costura. Já vou estudar.

JOANA
Pois enquanto iaiá cose, eu vou arrumando a sala: pode vir gente.

ELISA
Mas, Joana... Teu senhor não há de gostar disto!

JOANA
De quê, iaiá?

ELISA
Tu nos serves, como se fosses nossa escrava. Todas as manhãs vens arranjar-nos a casa. Varres tudo, espanas os trastes, lavas a louça e até cozinhas o nosso jantar.

JOANA
Ora, iaiá! que me custa a fazer isso?... Nhonhô sai muito cedinho, logo às 7 horas; eu endireito tudo lá por cima, num momento, porque também tem pouco que fazer; e depois venho ajudar a iaiá, que se mata com tanto trabalho.

ELISA
E o Sr. Jorge sabe disto?

JOANA
Que tem que saiba?... Não é nada de mal!

ELISA
Muitos senhores não gostam que seus escravos sirvam a pessoas estranhas.

JOANA
Iaiá não é nenhuma pessoa estranha... Depois, vmcê. não conhece meu nhonhô? Não sabe como ele é bom?...

ELISA
Oh! sei!... Há um ano que é nosso vizinho, e nesse pouco tempo quanto lhe devemos!

JOANA
Mas iaiá é uma moça bonita!... E eu que sou sua mulata velha... Desde que nhonhô Jorge nasceu que o sirvo, e nunca brigou comigo! Se ele não sabe ralhar... Olhe, iaiá! Todas as festas me dá um vestido novo, vestido bonito... E não dá mais porque é pobre!

ELISA
Foste tu que o criaste?

JOANA
Foi, iaiá. Nunca mamou outro leite senão o meu...

ELISA
E por que ele não te chama – *mamãe Joana*?

JOANA
Mamãe!... Não diga isto, iaiá!

ELISA
De que te espantas? Uma coisa tão natural!

JOANA
Nhonhô não deve me chamar assim!... Eu sou escrava, e ele é meu senhor.

ELISA
Mas é teu filho de leite.

JOANA
Meu filho morreu!

ELISA
Ah! Agora compreendo!... Esse nome de mãe te lembra a perda que sofreste!... Perdoa, Joana.

JOANA
Não tem de quê, iaiá. Mas Joana lhe pede... Se não quer ver ela triste, não fale mais nisto.

ELISA
Eu te prometo.

JOANA
Obrigada, iaiá. (*pausa*)

ELISA
Devem ser perto de nove horas... O Sr. Jorge não tarda.

JOANA
É mesmo!... Ele que vem sempre à hora certa.

ELISA
Nem tenho vontade de estudar.

JOANA
Estão batendo.

Cena III

ELISA, JOANA e PEIXOTO

PEIXOTO
Viva, minha senhora! O Sr. Gomes?

ELISA
Há pouco saiu.

PEIXOTO
Já saiu! Tão cedo!... Ainda não são nove horas.

JOANA
Meu senhor, ele teve que fazer.

PEIXOTO
Nem de propósito! Sempre que o procuro, o Sr. Gomes não está em casa.

ELISA
O senhor não quer sentar-se?

Peixoto
Obrigado; tenho pressa.

Elisa
Por que não o procura na repartição?

Peixoto
Não estou para isso. Queira dizer-lhe que o Peixoto aqui veio e voltará dentro de meia hora.

Elisa
Sim, senhor.

Peixoto
Sem mais!

Cena IV

Joana *e* Elisa

Joana
Cruzes!... Que homem grosseiro, minha Virgem Santíssima!... Um senhor assim era um purgatório.

Elisa
Coitado! A culpa não é dele!

Joana
De quem é então?

Elisa
Dos pais, que não lhe souberam dar educação.

JOANA
Que bom coração tem iaiá!... Desculpa tudo.

ELISA
Para que me desculpem também os meus defeitos, Joana.

JOANA
É o que iaiá não tem. Oh! Joana sabe conhecer a gente! E então iaiá, que está mesmo mostrando o que é, nesse rostinho de prata!

ELISA
Deixa-te disso, Joana.

JOANA
Ah! se iaiá soubesse como eu lhe quero bem!

ELISA
Assim te pudesse eu agradecer, como desejava!

JOANA
Inda mais, iaiá?

ELISA
Estás brincando!... Nunca te dei nada.

JOANA
Então iaiá!... Cuida que é pouco ver meu nhonhô feliz?

ELISA
Joana!...

JOANA
Não se zangue, não, iaiá, com sua mulata velha.

ELISA
Para que falas dessas coisas? Não gosto.

JOANA
Está bom! Eu calo a boca. Então ele não merece?

ELISA
Merece muito mais; porém...

JOANA
Ora, iaiá!... Não disfarce!...

ELISA
Outra vez?

JOANA
Eu só peço uma coisa. Nosso Senhor não me mate sem que eu veja isso. Há de ser uma festa!...

ELISA
Queres que eu me agaste deveras, hein?

JOANA
Não, iaiá, não! Mas que noivo bonito, e a noiva, hi!... Feitinhos um para o outro!

ELISA
Eu te peço, Joana...

JOANA
Nesse dia... Olhe, iaiá! Hei de pôr meu cabeção novo, como as mulatinhas da Bahia... Que pensa! Não faça pouco na sua escrava, iaiá! Joana também já foi moça... sabia riçar o pixaim e bater com o tacão da chinelinha na calçada; só – taco, taco, tataco!... Oh! hei de me lembrar do meu tempo... Se eu já estou chorando de contente!... E meu nhonhô como não há de ficar alegre!...

ELISA
Não gosto destas graças, já te disse.

JOANA
Que mal faz? É uma coisa que há de acontecer.

ELISA
Estás bem livre!

JOANA
Se iaiá não pagasse a meu nhonhô todo o bem que ele lhe quer...

ELISA
Que farias?

JOANA
Eu, iaiá?... Nada! Que pode fazer uma escrava?... Mas iaiá era ingrata!

ELISA
Pois serei.

JOANA
Iaiá jura?... Não é capaz!... Nem que esse coração não estivesse aí saltando!

ELISA
Se continuas... Vou-me embora! (*Batem.*)

JOANA
Querem ver que é nhonhô!

ELISA
Bico!... Ouviste?

JOANA
Joana sabe guardar um segredo, iaiá.

Cena V

As mesmas e JORGE

JORGE
Como passou, D. Elisa?... Ah! Joana está lhe fazendo companhia!

ELISA
Veio conversar comigo.

JORGE
Quando precise de mandar por ela fazer alguma coisa, não tenha acanhamento, D. Elisa.

ELISA
Já lhe sou tão obrigada, Sr. Jorge!

JOANA
Eu não lhe disse, iaiá?

JORGE
O quê?

JOANA
Não vê, nhonhô, que estes dias, desde que o escravo do Sr. Gomes foi doente para a Misericórdia, eu venho fazer algum serviço, pouco...

JORGE
Tu és sempre boa, Joana!

JOANA
Não digas isso, nhonhô!

JORGE
Digo, sim! – D. Elisa, creio que minha mãe, a quem não conheci, não me teria mais amor do que esta segunda mãe, que me criou.

JOANA
Hô gente, nhonhô! Isso são modos de tratar sua escrava.

ELISA
O senhor tem razão, Sr. Jorge.

JOANA
Não tem! Não tem!

ELISA
Basta ouvi-la falar do senhor.

JORGE
Ah! Ela falou-lhe de mim?... Que disse?...

JOANA
Nada, nhonhô.

ELISA
Em outras palavras, o que o senhor acaba de repetir.

JOANA
Iaiá... Eu disse que queria bem a meu senhor, como uma escrava pode querer... só!

JORGE
Como uma escrava!... Sentes ser cativa, não é?

JOANA
Eu!... Não, nhonhô! Joana é mais feliz em servir seu senhor, do que se estivesse forra.

JORGE
Bem sabes! Hoje é o dia de meus anos. Tenho um presente para ti.

JOANA
Nhonhô já me deu um este mês.

Jorge
Não faz mal. Pudesse eu dar-te quantos desejo.
– Vamos à nossa lição, D. Elisa?

Elisa
Quando o senhor quiser.

Joana
E eu vou cuidar da minha cozinha.

Cena VI

Jorge e Elisa

Jorge
Acho-a triste hoje.

Elisa
É engano seu. Nunca fui alegre.

Jorge
Perdão! Quando a conheci, a senhora tinha mais vivacidade do que tem hoje. Também não se diverte, não passeia.

Elisa
Sou pouco amiga de passear.

Jorge
Mas é necessário ter uma distração.

ELISA
Tinha uma de que muito gostava.

JORGE
Qual?

ELISA
A música, mas...

JORGE
Mas também enfastia. Não é?

ELISA
A mim, nunca.

JORGE
Pois está em suas mãos cultivá-la.

ELISA
Se estivesse!...

JORGE
Não a compreendo.

ELISA
Escute, Sr. Jorge. Há dias que tenciono dizer-lhe... porém falta-me o ânimo.

JORGE
O quê?... Diga, D. Elisa.

ELISA
Não posso continuar com as lições.

JORGE
Ah!... Tem outro mestre?

ELISA
Não seja injusto! Que mestre melhor podia achar do que o senhor? Eu é que não quero mais estudar.

JORGE
Por que, minha senhora?

ELISA
Não lhe posso dizer.

JORGE
Desculpe, se cometi uma indiscrição.

ELISA
Nenhuma... E demais, é preciso que o senhor saiba... Meu pai não pode... pagar-lhe...

JORGE
A senhora me ofende, D. Elisa!... Exigi alguma coisa?

ELISA
Oh! não!... E é por isso que lho disse... Já lhe devemos seis meses...

Jorge
Não fale nisto! Nunca foi minha intenção receber paga de tão pequeno serviço. Ao contrário, tinha-me por feliz em poder prestá-lo.

Elisa
Mas eu é que não devo.

Jorge
Por que me recusaria isto? Assim, fique tranqüila. Continuaremos com as nossas lições.

Elisa
Como?... Não tenho piano.

Jorge
E este?

Elisa
Meu pai quer vendê-lo... Precisa...

Jorge
É só esse o motivo?... Eu lhe emprestarei o meu. Nunca toco.

Elisa
Ainda quando aceitasse, o que não devia, o seu delicado oferecimento, Sr. Jorge, era impossível continuar.

Jorge
Entendo D. Elisa. A senhora procura um pretexto para despedir-me; e eu estou torturando-a com a minha insistência.

Elisa
Sr. Jorge!...

Jorge
Desculpe. Se tivesse percebido, há muito que me teria retirado.

Elisa
Meu Deus! Não me obrigue a confessar-lhe tudo!

Jorge
Adeus, minha senhora!

Elisa
Mas, Sr. Jorge...

Jorge
Tenho a consciência de que nunca lhe faltei ao respeito que devia...

Elisa
Pois bem... O senhor quer. Eu preciso trabalhar!... Preciso ganhar para viver!

Jorge
A senhora, D. Elisa?

Elisa
Bem vê que não tenho nem tempo, nem vontade para estudar!

Jorge
Perdoe-me! Estava tão longe de suspeitar!

ELISA
Ainda supõe que seja um pretexto?

JORGE
Esqueça o que lhe disse.

ELISA
Só me lembro do que lhe devemos. (*pausa*)

JORGE
Ouça-me, D. Elisa, e sirvam-me as suas lágrimas de testemunhas perante Deus. Há muito tempo que trabalho para conseguir uma posição digna de lhe ser oferecida. Quer dar-me o direito de partilhar a sua sorte?... Responda-me! Eu lhe suplico!

ELISA
Não!... Não posso responder-lhe... Nem aceitar.

JORGE
Porque é pobre?... Também eu o sou! Seremos dois a lutar.

ELISA
Meu pai... lhe dirá... Eu não!

JORGE
Era minha intenção falar-lhe; mas antes quero o seu consentimento. Recusa-me?

ELISA
Não sei!

JORGE
Elisa!...

ELISA
Fale!...

JORGE
Obrigado, minha mulher!...

ELISA
Não me chame assim!

JORGE
Esse título me impõe o dever de fazer a sua felicidade, e me dá o direito de velar sobre a sua existência.

ELISA
Se meu pai não se opuser.

JORGE
Ainda quando ele se oponha, Elisa. Não contrariaremos a sua vontade, não esqueceremos os nossos deveres; mas a aliança pura de duas almas que se compreendem tem a sua religião.

ELISA
É meu pai!

JORGE
Vem a propósito.

ELISA
Mas não lhe fale agora, não.

Cena VII

Os mesmos e GOMES

JORGE
Bom dia, Sr. Gomes!...

GOMES
Ah!... Como passou, Sr. Jorge?... Desculpe!... Não tinha visto. (*senta-se distante*)

JORGE
Permite que continuemos?

GOMES
Pois não!

JORGE
(*a Elisa*)
Não quer dar a sua lição?

ELISA
(*a meia voz*)
Não posso cantar agora!... Não vê como estou toda trêmula!

JORGE
Pois toque um pouco.

GOMES
(*sentindo a falta do relógio*)
Ah!... Que horas são?... Deixei o meu relógio a consertar.

JORGE
Nove e vinte.

GOMES
Já?... Não chega!... Que martírio!...

ELISA
Que tem, meu pai?

GOMES
Nada! Deixa-me! Estou aflito!... Espero uma resposta.

ELISA
Vmcê. está tão descorado!

GOMES
É o calor... o cansaço, talvez! Não te inquietes.

JORGE
(*a Elisa*)
Seu pai está incomodado. Naturalmente deseja ficar só. Até logo.

ELISA
Sim! Até logo.

JORGE

Não se esqueça que me deu o direito de viver para a sua felicidade.

ELISA

É coisa que se esqueça nunca?

JORGE

Se houver alguma novidade, mande-me chamar.

ELISA

Imediatamente.

JORGE

Sr. Gomes!...

GOMES

Já vai?

JORGE

Quando poderei falar-lhe hoje, que menos o incomode?

GOMES

À tarde... ou à noite.

JORGE

Eu passarei à noite. (*volta*) Uma carta que acabam de entregar.

GOMES

Ah!...

Cena VIII

Gomes e Elisa

Gomes
(*lendo*)
"Sinto muito... porém... as minhas circunstâncias..." É o que todos respondem!... Infames! Não se lembram que se hoje lhes peço as migalhas, já lhes dei a abastança.

Elisa
Que diz essa carta, que o agonia tanto, meu pai?

Gomes
O que há de ser, minha filha?!... Mais um ingrato a quem estendo a mão e que me repele com o pé.

Elisa
Não lhes peça nada!... Olhe: o nosso trabalho bastará para vivermos! Guarde o seu ordenado para pagar casa e vestirmos. Eu não preciso de nada. Das minhas costuras tirarei o necessário para os gastos diários.

Gomes
Não te iludas, Elisa! Podes te matar, mas não farás impossíveis.

Elisa
Há de ver.

Cena IX

Os mesmos e Vicente

Vicente
O Sr. Gomes, empregado público...

Gomes
Que deseja?

Vicente
É V. Sa.?

Gomes
Um seu criado.

Vicente
Então permita... Cito-o pela petição *supra* e seu despacho, do teor seguinte: – "Ilmo. Sr. Dr. Juiz Municipal da 3ª Vara. Diz..."

Gomes
Peço-lhe que me dispense dessa formalidade.

Vicente
Prescinde da leitura, neste caso?

Gomes
Sei de que se trata. É do meu senhorio?

Vicente
Justamente! Mandado de despejo, dentro de 24 horas, por não pagamento de aluguéis.

ELISA
Meu Deus!

GOMES
Estou ciente, senhor.

ELISA
Mas então, meu pai?

GOMES
Tudo nos persegue, minha filha.

VICENTE
V. Sa. tem à mão papel e tinta para passar a contrafé... senão dou um pulo à venda defronte.

ELISA
Aqui tem, senhor.

VICENTE
Qualquer pena serve.

ELISA
O senhor não poderá fazer alguma coisa a favor de meu pai?

VICENTE
Sou suspeito, Sra. Dona... Oficial do juízo!

ELISA
Então amanhã vem deitar-nos fora de casa?

VICENTE
Qual!... O senhor seu pai não tem advogado? É pedir vista... embargos... agravo... Lá o doutor sabe bem disso! Tem chicana para um ano!

ELISA
Ouve, meu pai? – Ainda há remédio.

GOMES
Se eu tivesse dinheiro para pagar a advogados... Mas nesse caso pagaria antes ao meu credor, cuja dívida é justa.

VICENTE
É V. Sa. o primeiro réu que o confessa!

Cena X

Os mesmos e PEIXOTO

PEIXOTO
Com licença!

GOMES
Quem é?

ELISA
Ah! É o senhor, que há pouco o procurou, meu pai.

PEIXOTO
Finalmente achei-o em casa.

GOMES

Sr. Peixoto, não me nego a pessoa alguma.

PEIXOTO

Não digo o contrário mas é difícil de encontrar.

VICENTE

V. Sa. paga a contrafé?

ELISA

Quanto é?

GOMES

Não tenho com que pagar, senhor.

VICENTE

Bem. É só para declarar.

PEIXOTO

Hum!... Já lhe anda esta gente por casa... Mau sinal!

VICENTE

Viva, Sr. Peixoto! (*a Gomes*) Aqui tem!

GOMES

Não preciso deste papel.

VICENTE

Em todo o caso aí fica. Às ordens! Queira desculpar!

PEIXOTO
(*a meia voz*)
Que foi isso?

VICENTE
(*idem*)
Despejo!

PEIXOTO
Mau!

GOMES
Elisa, vai para dentro. Deixa-me conversar com o senhor.

Cena XI

GOMES *e* PEIXOTO

PEIXOTO
Sabe o que me traz aqui?

GOMES
Sim, senhor. Não lhe posso pagar.

PEIXOTO
Essa é boa! Por quê?

GOMES
Porque não tenho dinheiro.

PEIXOTO
Veremos.

Gomes
Enquanto conservei uma esperança, pedi-lhe que tivesse paciência. Hoje nada espero; nada peço.

Peixoto
Que fez do ordenado?

Gomes
Descontei-o seis meses adiantados para viver.

Peixoto
A sua mobília?

Gomes
Já não é minha. A pessoa que a comprou deixou-me alugada; e como não lhe tenho pago os aluguéis, vem buscá-la amanhã.

Peixoto
E os escravos que possuía?

Gomes
O último saiu desta casa sob o pretexto de ir para a Misericórdia, a fim de que minha filha ignorasse... Foi penhorado!

Peixoto
Mas há pouco vi aqui uma mulata.

Gomes
Era talvez a escrava do meu vizinho do segundo andar.

PEIXOTO
Ah! É verdade. Conheço-a! Do Sr. Jorge?

GOMES
Sim, senhor.

PEIXOTO
Assim, nada lhe resta?

GOMES
Nada absolutamente! Estou na miséria!

PEIXOTO
Pois não sei como há de ser. Não estou disposto a perder o meu dinheiro.

GOMES
Se eu pudesse vender-me para pagar-lhe, creia que não hesitaria. Não posso. Que hei de fazer?

PEIXOTO
O senhor não sabe?

GOMES
Sei!...

PEIXOTO
É arranjar dinheiro, se não quer ir parar à cadeia.

GOMES
O senhor insulta-me!

Peixoto

Se acha que isto é um insulto, nesse caso é a lei, não sou eu, quem o insulta.

Gomes

Cometi algum crime?... É culpa minha se não tenho com que pagar-lhe?

Peixoto

Se fosse só isso!

Gomes

Explique-se!

Peixoto

É muito simples. O senhor negociou comigo uma letra de quinhentos mil-réis. Tinha o seu aceite; mas estava sacada e endossada pelo Sr. Francisco de Faria, negociante desta praça.

Gomes

O senhor deu-me por ela quatrocentos mil-réis, dos quais ainda tive de pagar cinqüenta ao Sr. Faria.

Peixoto

Esta não é a questão. O saque e o endosso são falsos.

Gomes

Falsos!...

Peixoto

Faria nunca sacou letras.

GOMES
Mas então quem era a pessoa com quem tratei?

PEIXOTO
É coisa que não me interessa. O senhor responderá à polícia.

GOMES
A polícia?... Eu!

PEIXOTO
Está bem visto!... A letra foi negociada com o senhor. Tenho testemunhas. Que me importa essa pessoa?

GOMES
Mas, senhor, não é possível!... Não se condena assim um homem que não tem notas na sua vida.

PEIXOTO
Sr. Gomes, acabemos com isto!... Não lhe quero fazer mal; porém, se às cinco horas da tarde o senhor não tiver o dinheiro para pagar-me, às seis apresento a letra na polícia.

GOMES
Dê-me tempo ao menos para procurar o homem com quem tratei.

PEIXOTO
E o senhor tratou com alguém?

GOMES
Infame!... Duvida de minha palavra!

PEIXOTO
Ah! Quer brigar? Não estou disposto. Até às cinco horas.

GOMES
Meu Deus! Condenado como um falsário!... Não! Já resisti por muito tempo!

Cena XII

GOMES *e* ELISA

ELISA
Meu pai!...

GOMES
Tu ouviste, minha filha?

ELISA
Ouvi tudo.

GOMES
Pois então ouve o resto.

ELISA
Sossegue primeiro.

GOMES
Não há sossego nestes transes. Acabas de saber que estamos na miséria; nada temos, nada devemos esperar. Mas isto não era bastante; aí vem a desonra coroar a miséria.

ELISA
Mas o que disse aquele homem é uma mentira, não é?

GOMES
Tu duvidaste um momento da probidade de teu pai?

ELISA
Oh! Não, não!

GOMES
Se eu quisesse, já não digo roubar, mas transigir com a minha consciência, os que agora nos desprezam, aí estariam ainda nos importunando com a sua amizade fingida e hipócrita.

ELISA
Não se defenda, meu pai. Eu creio na sua honra, como creio em Deus. Se lho perguntei é porque desejava ouvir de sua boca o desmentido de semelhante calúnia. (*pausa*)

GOMES
Elisa, minha filha!... Este último golpe é mais forte que minha razão. Muitas vezes já a minha coragem vacilou encarando a miséria: um projeto louco me passou pelo espírito, e esteve bem prestes a realizar-se. Resisti, lembrando-me de ti. À vergonha, à infâmia, minha filha, não posso... não sei resistir!

ELISA
Não pense nisto, meu pai.

GOMES

Quando não se pode viver honrado, morre-se.

ELISA

Quer-se matar!

GOMES

Isto é vida?

ELISA

Meu Deus!... Por piedade!

GOMES

É necessário!

ELISA

E eu, e sua filha? Deixa-a ao desamparo?

GOMES

Preferes que a arraste à vergonha?... Não sentes que vais perder teu pai?... Escolhe! Vê-lo infame nas galés, ou chorá-lo morto, porém honrado.

ELISA

Mas ainda pode salvar-se!... Não há de ser condenado, não!

GOMES

Refleti, Elisa. Que defesa tenho eu?... A minha palavra. E isto basta? Sem dinheiro, sem amigos?... Só me resta uma esperança; e é que esse homem não cumpra o que disse. Mas essa... Não acredito nela.

ELISA
Por quê?... Esse homem deve ter um coração! Eu lhe suplicarei de joelhos.

GOMES
Tu sabes se te quero, Elisa, e com que extremos te amo. A única dor que levo desta vida é deixar-te!... Uma menina de 18 anos, sem pai, sem mãe, ao desamparo, é um anjo perdido neste mundo torpe. Toda a sua virtude não basta às vezes para defendê-la. Sucumbe à necessidade implacável...

ELISA
E quer me abandonar!

GOMES
Sou eu que te abandono, Elisa, ou é a fatalidade que me arranca de teus braços?

ELISA
Deus se há de condoer de nós!

GOMES
Se te sentes com força de lutar, minha filha, talvez a felicidade te depare um homem que te ame, e proteja a tua orfandade.

ELISA
E por que não nos protegerá a ambos?

GOMES
Eu já não preciso senão do perdão do Senhor e do teu. – Se, porém, te sentes fraca... Não te aconse-

lho... Não digo que o faças... Segue o impulso de tua alma...

ELISA
Acabe, meu pai!

GOMES
O que ficar deste vidro...

ELISA
Ah!

GOMES
É a única herança de teu pai, Elisa.

ELISA
Oh! Sim! Morreremos juntos!

GOMES
Não! Foi uma loucura!... Esquece o que te disse! Tu ainda podes ser feliz, minha filha!...

ATO SEGUNDO

(*Em casa de Jorge. Sala simples, mas elegante.*)

Cena I

JOANA e VICENTE

VICENTE
Como vai isto por cá?

JOANA
Oh! Bilro!... Vamos indo, como Deus é servido!

VICENTE
Ha saúde e patacos, é o que se quer.

JOANA
Saúde não falta, não, Bilro! No mais vai-se vivendo, como se pode.

VICENTE
Olhe, Sra. Joana... Há muito que estou para lhe pedir uma coisa.

JOANA
Sra. Joana!... Estás doido, Bilro?

VICENTE
Não, mas é que... Sim... Bem vê que tenho hoje uma posição... E este modo de chamar a gente de Bilro...

JOANA
(*rindo*)
Ah! ah! ah!... Então porque és pedestre, ou meirinho... Não sei o quê!

VICENTE
Menos isso!... Oficial de justiça!

JOANA
Pois que seja... Oficial da justiça, ou da injustiça... Porque és isto, julgas que ficas desonrado se eu te chamar Bilro?... Ora, não vejam só este meu senhor! Que figurão!... V. Sa. faz obséquio... ou V. Exa.?... Queira ter a bondade... Por quem é... Sr. Vicente...

VICENTE
Romão... Romão...

JOANA
Sr. Vicente Romão. Queira desculpar!... sem mais aquela.

VICENTE
Está zombando.

JOANA
Hô!... Não é assim que devo tratá-lo?

VICENTE
Toma o recado na escada... Eu por mim não me importava; mas falam.

JOANA
Pois olha! Cá comigo está se ninando!... Eu te conheci assim tamaninho, já era rapariga, mucama de minha senhora moça, que Deus tem, e foi sempre Bilro para lá, tia Joana para cá. Se quiseres há de ser o mesmo... senão, passar bem. Ninguém há de morrer por isso.

VICENTE
Mas, Joana...

JOANA
Tia Joana!

VICENTE
Está bom, para fazer-lhe a vontade... Tia Joana!... Não era melhor que a gente se tratasse como os outros?...

JOANA
Não sei se é melhor, se não... Quando te vir hei de chimpar-te com o Bilro na venta.

Vicente
Não tem graça nenhuma.

Joana
Se te parecer não responde: é o mesmo.

Vicente
Em teima ninguém lhe ganha!... Não vê que é preciso a gente dar-se a respeito.

Joana
Dá-te a respeito lá com as outras. Comigo estás bem aviado.

Vicente
Pois é isto que eu quero! Não me entendeu... Diante dos outros a senhora... a tia Joana que lhe custa me chamar de Vicente?

Joana
Diante dos outros?... Pois sim! Mas olha que é, Vicente só!

Vicente
Vicente Romão... É mais cheio.

Joana
Uma figa!... Nem Romão, nem senhor! Vicente.

Vicente
Enfim! Era melhor o nome todo... Não quer! Que se lhe há de fazer!

JOANA
Então não perguntas por nhonhô Jorge?

VICENTE
Ia perguntar; mas vmcê. ...

JOANA
Vmcê. ... Hein... Bilro...

VICENTE
Você me atrapalhou, tia Joana. Como está ele, o Sr. Jorge? Está bom?

JOANA
Bom e crescido que faz gosto... Se tu o vires!

VICENTE
Não há quinze dias que estive com ele.

JOANA
Pois faz sua diferença!... Todos os dias parece que fica mais alto e mais sério... Eu acho ele tão bonito, meu Deus!

VICENTE
Pudera não! Você o criou!

JOANA
E tu não achas?

VICENTE
Então! É preciso que diga.

JOANA
Já lhe saiu todo o buço.

VICENTE
Também ele já anda rastejando pelos vinte e um.

JOANA
Completou hoje, Bilro.

VICENTE
É verdade. – Ora tia Joana! Já estamos ficando velhos. Inda me parece que foi outro dia que você dava de mamar a ele.

JOANA
Como me lembra!... Eu tinha dezessete anos, e tu eras um pirralho de oito. Vinhas bulir com ele no meu colo; e como eras muito travesso, nós te começamos a chamar Bilro. Nunca estavas quieto!

VICENTE
E aquela vez que um sujeito fez-me por força levar-lhe um recado... Quando a gente é criança faz cada uma!

JOANA
Doeu-te o puxão de orelha que te dei?

VICENTE
Oh! se doeu!... Também nunca mais!

JOANA
E perdias teu tempo!

VICENTE

Lá isso eu sempre disse... Nunca houve mulatinha que se desse mais a respeito do que tia Joana. Pois em casa punham a boca em todos; mas dela não tinham que mexericar.

JOANA

Não fala mais nisso, Bilro. A gente tem vontade de chorar.

VICENTE

É mesmo, tia Joana. Bom tempo! Sr. doutor só fazia ralhar. Tirante disso, era bom amo.

JOANA
Tens tido notícias dele?

VICENTE

Depois que foi viajar, nunca mais soube por onde anda.

JOANA

E a comadre Rosa que ele vendeu a um homem da rua da Alfândega?

VICENTE

Essa morreu... O André está cocheiro na praça.

JOANA
Cada um para sua banda.

VICENTE
Vou indo também para a minha. Adeus, tia Joana.

JOANA
Agora até quando?

VICENTE
Não sei! Hoje como tive que fazer por aqui, então disse cá com os meus botões: – Deixa-me ver a tia Joana. – Já vi... Estão batendo.

JOANA
Vê quem é.

VICENTE
Pode entrar.

Cena II

Os mesmos e DR. LIMA

DR. LIMA
Ainda se lembram por aqui do amigo velho?

JOANA
Ah! Meu senhor Dr. Lima. Há que anos!...

VICENTE
Sr. doutor!...

DR. LIMA
Esqueceste que parti para Europa.

JOANA
Não esqueci, não... meu senhor. Ainda há pouco estava falando nisso.

Dr. Lima
Cheguei hoje pelo paquete. Acabo de desembarcar. Quede Jorge?

Joana
Saiu. Que alegria ele vai ter!... Mas como meu senhor acertou com a casa?

Dr. Lima
Custou-me!... Já andei por aí à matroca. Na rua do Conde é que me ensinaram.

Vicente
O vizinho de defronte?

Dr. Lima
Justamente! Mas eu estou reconhecendo esta figura...

Joana
O ciganinho, pajem de meu senhor...

Dr. Lima
Ah! O grande Bilro!

Vicente
Vicente Romão, Sr. doutor.

Dr. Lima
Como vais?... Que fazes?... Estás mais bem comportado?

Joana
É oficial de justiça.

Dr. Lima
Escolheste um bom emprego, Bilro.

Vicente
Vicente Romão, Sr. doutor. Mas então V. Sa. acha?

Dr. Lima
O quê, homem?...

Vicente
Bom o meu emprego?

Dr. Lima
Decerto! Precisavas viver bem com a justiça.

Vicente
Peço vista para embargos, Sr. doutor; não tenho culpas no cartório.

Dr. Lima
Bem mostras que és do ofício!

Vicente
(a Joana)
É preciso perder esse mau costume de chamar a gente de ciganinho. Ouviu?!

Joana
Ai!... Começas outra vez com as tuas empáfias.

Vicente
Que embirrância!...

Dr. Lima
Que é isso lá? Assim é que festejam a minha chegada?

Joana
É Bilro que...

Vicente
Não é nada, Sr. doutor; V. Sa. me dê as suas ordens.

Dr. Lima
Vai me ver. Estou no Hotel da Europa.

Vicente
Obrigado, Sr. doutor. Até mais ver, tia Joana.

Cena III

Dr. Lima *e* Joana

Joana
Meu senhor não quer descansar?...

Dr. Lima
Recosto-me aqui mesmo, neste sofá.

Joana
Já almoçou, meu senhor? Aí tem café e leite.

Dr. Lima
Ainda conservo os meus antigos hábitos. Às oito horas já estava almoçado.

JOANA

Quem sabe se meu senhor não quer tomar o seu banho?

DR. LIMA

Não! Vem cá. Senta-te aí.

JOANA

Eu converso mesmo de pé com meu senhor.

DR. LIMA

Como vai teu filho?... Já está um homem?

JOANA

Meu senhor!... Eu lhe peço de joelhos... Não diga este nome!

DR. LIMA

Pelo que vejo o mistério dura ainda!

JOANA

E há de durar sempre! Meu senhor me prometeu.

DR. LIMA

Prometi.

JOANA

Meu senhor jurou!

DR. LIMA

É verdade! Mas julgava que na minha ausência tudo se havia de se revelar.

JOANA
Ele não sabe nada, e eu peço todos os dias a Deus que não lhe deixe nem suspeitar.

Dr. Lima
Assim tu ainda passas por sua escrava?

JOANA
Não passo, não! Sou escrava dele.

Dr. Lima
Mas Joana! Isto não é possível!

JOANA
Meu senhor... Eu já lhe disse!... E não cuide que por ter esta cor não hei de cumprir... No dia em que ele souber que eu sou... que eu sou... Nesse dia Joana vai rezar no céu por seu nhonhô.

Dr. Lima
E por que razão hás de fazer uma tal loucura?

JOANA
Por quê?... Desde que nasceu ainda está para ser a primeira vez que se zangue comigo. E vmcê. quer que se envergonhe... Que me aborreça talvez!... Meu Deus! Matai-me antes que eu veja essa desgraça!

Dr. Lima
És tu a culpada?

JOANA

Não sei, meu senhor, não sei. Às vezes penso... Quando fazem vinte e um anos eu senti o primeiro movimento dele... de meu...

DR. LIMA

De teu filho. Fala! Que receio é esse?... Estamos sós.

JOANA

Vmcê. não sabe que medo tenho de dizer este nome!... Até à noite quando rezo por ele baixinho... não me atrevo... Ele pode ouvir... Eu posso me acostumar...

DR. LIMA

Mas dizias?

JOANA

Ah! Quando senti o primeiro movimento que ele fez no meu seio, tive uma alegria grande, como nunca pensei que uma escrava pudesse ter. Depois uma dor que só tornarei a ter se ele souber. Pois meu filho havia de ser escravo como eu? Eu havia de lhe dar a vida para que um dia quisesse mal à sua mãe? Deu-me vontade de morrer para que ele não nascesse... Mas isso era possível?... Não, Joana devia viver!

DR. LIMA

Foi então que Soares te comprou...

JOANA

Ele me queria tanto bem! Deu por mim tudo quanto tinha... Dois contos de réis! Eu fui para sua casa. Aí meu nhonhô nasceu, e foi logo batizado como filho dele, sem que ninguém soubesse quem era sua mãe.

Dr. Lima
Desgraçadamente morreu poucos dias depois... Se eu soubesse então!...

Joana
Mas meu senhor não sabia nada. Fui eu que lhe confessei...

Dr. Lima
Porque já tinha suspeitado...

Joana
E por isso só, vmcê. era capaz de afirmar? Não! Quem lhe contou fui eu, com a condição de não dizer nunca!...

Dr. Lima
Pois bem, Joana! Não direi uma palavra. Continuarás a ser escrava de teu filho. Será para ele a dor mais cruel quando souber...

Joana
Nunca!... Quem vai lhe dizer?... Além de vmcê. e de mim, só Deus sabe este segredo. Enquanto meu senhor estava fora eu vivia descansada...

Dr. Lima
E tinhas razão... Presente, vendo-te ao lado de Jorge, não respondo por mim.

Joana

Meu senhor, vmcê. teve sua mãe... Lembre-se que dor a pobre havia de sentir se seu filho tivesse vergonha dela!... Não o faça desgraçado! E por causa de quem?... De mim que morreria por ele.

Dr. Lima

Bem; prometo-te que hei de ter coragem! Virei raras vezes aqui. Evitarei o mais que puder... com receio de me trair.

Joana

É melhor. Até vmcê. se habituar.

Dr. Lima

Nunca me habituarei!... Tu não sabes como eu te admiro, Joana; e como dói-me no coração ver esse martírio sublime a que te condenas.

Joana

Eu vivo tão feliz, meu senhor!

Dr. Lima

Mas que necessidade tinhas de ser escrava ainda? Não podias estar forra?

Joana

Eu, meu senhor?... Como?

Dr. Lima

Com o dinheiro que tiravas do teu trabalho, e gastavas na educação de teu filho.

JOANA

Nunca pensei nisso, meu senhor!... Demais, forra podiam-me deitar fora de casa, e eu não estaria mais junto dele. A escrava não se despede.

DR. LIMA

Mas... Estremeço só com esta idéia!

JOANA

Qual, meu senhor?

DR. LIMA

Supõe que... te vendiam.

JOANA

Joana morreria; porém ao menos deixaria a ele aquilo que custasse... sempre era alguma coisa... Para um moço pobre!

DR. LIMA

E eu hei de estar condenado a ouvir Jorge agradecer-me a sua educação que ele deve unicamente a ti; a chamar-me seu segundo pai, ignorando que sua...

JOANA

Mais baixo!... Não se zangue, meu senhor!

DR. LIMA

Sabes que mais! Vou-me embora. Voltarei logo para abraçar Jorge, e não pisarei mais aqui. É uma tortura!

JOANA

Adeus, meu senhor! Não se agaste comigo.

Dr. Lima
Não. Quem sabe se tu não tens razão!

Joana
Deus dê muita felicidade a meu senhor Dr. Lima. (*abre a porta*)

Cena IV

Os mesmos e Jorge

Joana
Ah!

Dr. Lima
É ele?

Joana
Nhonhô não conhece, não!... Sr. Dr. Lima!

Dr. Lima
Jorge!

Jorge
Ah! doutor! – Quando chegou?

Dr. Lima
Hoje mesmo. É a minha primeira visita.

Jorge
E devia ser pelo bem que lhe queremos, eu e Joana. Venha sentar-se.

DR. LIMA
Está um homem!

JOANA
Não é, meu senhor doutor?... E um moço bonito! Hi! Faz andar à roda a cabecinha dessas moças todas.

JORGE
Se lhe der ouvidos, doutor, é um não acabar de elogios!... Mas há cinco anos que está ausente!

JOANA
Há de fazer pela Páscoa.

DR. LIMA
É verdade. – Deixei-o quase criança... Tinha dezesseis anos. Acabou os seus estudos naturalmente?

JORGE
Ainda não.

JOANA
É o melhor estudante. Não sou eu que digo!... São os mestres dele.

DR. LIMA
Sempre foi... Que profissão escolheu?

JORGE
Segui o seu conselho... Estudo medicina; estou no 5º ano.

DR. LIMA
E de fortuna... Como vamos?

Jorge
O necessário. As minhas lições...

Dr. Lima
Ah! Dá lições? De quê?

Jorge
De música e de francês.

Dr. Lima
Lembro-me que tinha muita disposição para o piano. Cultivou essa arte?

Joana
Toca que faz gosto!... Vmcê. há de ouvir.

Dr. Lima
Sem dúvida. E quanto lhe rendem as lições?

Jorge
Uns cem mil-réis por mês.

Dr. Lima
É pouco.

Jorge
Faço também algumas traduções que deixam às vezes um extraordinário. Joana por seu lado ganha...

Joana
Quase nada, nhonhô! Já estou velha. Não coso mais de noite.

JORGE

Nem eu quero. Foi de passares as noites sobre costura que ias perdendo a vista.

DR. LIMA

Faz bem em tratá-la com amizade, Jorge. É uma boa...

JOANA

Sou uma escrava como as outras.

JORGE

És uma amiga como poucas se encontram.

JOANA

Ora, nhonhô!...

JORGE

Sabe, doutor! Creio que foi Deus que o enviou hoje a esta casa.

DR. LIMA

Por que razão, Jorge?

JORGE

Eu lhe digo... Vem cá Joana!... Mais perto!... Quero contar-te uma história.

JOANA

Mas... Eu vou dar uma vista d'olhos lá dentro.

JORGE

Espera. (*toma-lhe a mão*)

Joana
Que é isso, nhonhô? Já se viu... Que modos?

Jorge
Olhe, doutor! Estou no meio de minha família. Meu segundo pai, minha segunda mãe! Não conheci os outros.

Dr. Lima
Jorge, meu amigo!

Joana
Para que falar nestas coisas num dia de se estar alegre... Meu senhor doutor chegou... Nhonhô faz anos.

Dr. Lima
É verdade!... É hoje 3 de fevereiro...

Jorge
Escolhi justamente este dia para pagar-te uma dívida. Quem foi testemunha da dedicação, doutor, verá o reconhecimento.

Joana
Nhonhô, me dê licença!

Jorge
Toma, Joana. Eu escrevi-a esta manhã lembrando-me de minha mãe.

Dr. Lima
Muito bem, Jorge. Deus o inspirou!

JOANA
Mas o quê... Que papel é este, nhonhô?

DR. LIMA
É a tua carta de liberdade, Joana!

JOANA
Não quero! Não preciso!

JORGE
Não é a tua carta de liberdade, não, minha boa Joana; porque eu nunca te considerei minha escrava. É apenas um título para que não te envergonhes mais nunca da afeição que me tens.

JOANA
Mas eu não deixarei a meu nhonhô?

JORGE
A menos que tu não o exijas.

JOANA
Eu!... Que lembrança!

DR. LIMA
Não faz idéia do quanto me comove esta cena.

JORGE
As nossas almas se compreendem, doutor. – Guarda, Joana, este papel...

JOANA
Por que nhonhô mesmo não guarda?

JORGE

De modo algum. Ele te pertence, manda-o registrar em um tabelião.

DR. LIMA

É prudente.

JORGE

Há muito tempo, doutor, que tencionava realizar este pensamento. Mas tinha tomado algum dinheiro com hipoteca…

DR. LIMA

Com hipoteca!… Sobre Joana?

JOANA

Que mal fazia?

JORGE

Conheço que fui imprudente, mas a necessidade urgia.

DR. LIMA

Não o censuro, Jorge! O senhor não sabia…

JORGE

O quê, doutor?

DR. LIMA

Não sabia… Quanto esses empréstimos são perigosos!…

JORGE

Felizmente já não sou devedor... Nem ao homem que me emprestou... Nem à minha consciência, que me ordenava desse a Joana essa pequena prova da estima que lhe tenho. Resta-me ainda uma dívida... Dívida de amizade e gratidão que nunca poderei pagar.

DR. LIMA
A ela!... Por certo que nunca!

JOANA
A meu senhor!... A mim não. (*Batem.*)

Cena V

Os mesmos e GOMES

JOANA
Sr. Gomes!

JORGE
Tenha a bondade de entrar.

GOMES
Desculpe se o incomodo, meu vizinho!

JORGE
Ao contrário, dá-me muito prazer... Por que não se senta?

Dr. Lima
(*a Joana*)
Agora podes ficar tranqüila! Terei forças de calar-me.

Joana
Meu senhor... Não toque nisto... agora.

Dr. Lima
Que tem?... Não nos ouvem.

Joana
Fale mais baixo!... Pelo amor de Deus!

Jorge
(*a Gomes*)
Hoje me pareceu incomodado?

Gomes
Estou bom!

Jorge
Mas inda o acho pálido.

Gomes
Não é nada!

Jorge
Ainda bem! Quero apresentar-lhe a um amigo que chegou-nos hoje de repente... Devo-lhe mais que a existência, devo-lhe a educação.

Gomes
Como?... Perdão! estava distraído!... Que dizia?

JORGE

Que desejava apresentar-lhe um amigo.

GOMES

Ah! com muito gosto.

JORGE

Dr. Lima!... O senhor estimará fazer o conhecimento de uma pessoa que todos respeitam pela sua honradez... O Sr. Gomes... Empregado público.

DR. LIMA

Estimo muito!... Um médico pobre, sem clínica, que esteve cinco anos fora do seu país, de pouco presta, mas pode contar...

GOMES

Obrigado, Sr. doutor. (*a Jorge*) Porém eu desejava falar-lhe em particular.

JORGE

Por que não disse?...

DR. LIMA

Neste caso eu me retiro.

GOMES

Não é preciso! Não! Eu voltarei depois.

JORGE

Para que ter esse trabalho?... O doutor pode entrar um momento.

Dr. Lima
Decerto! Vou ver a casa. Anda, Joana. Vem mostrar-me os teus arranjos.

Cena VI

Gomes e Jorge

Gomes
Não incomode seu amigo. – Voltarei depois.

Jorge
Ora, Sr. Gomes, não é incômodo. Estou à sua disposição.

Gomes
É verdade que o negócio de que lhe pretendia falar é urgente... mas...

Jorge
Pois então, não há necessidade de adiá-lo.

Gomes
Talvez o senhor estranhe... O passo é impróprio, eu conheço...

Jorge
Fale com franqueza.

Gomes
Não! Temo abusar... Agradeço-lhe a sua atenção... Outra vez conversaremos. Hoje mesmo... Logo mais.

JORGE

O Sr. Gomes tem alguma coisa que o inquieta; creia que se estiver nas minhas mãos servi-lo...

GOMES

É engano seu!... Não tenho nada.

JORGE

Talvez algum embaraço... Sim! Isto não depende de nós... Pode acontecer a qualquer... De repente precisamos de algum... dinheiro...

GOMES

Sr. Jorge! Não vim pedir-lhe dinheiro emprestado! Não é meu costume.

JORGE

Perdão, Sr. Gomes! Não tive intenção de ofendê-lo. Estimo-o e respeito-o muito...

GOMES

Faço justiça às suas intenções... Mas creia... Se me visse reduzido a essas circunstâncias preferiria morrer de fome a tirar esmolas.

JORGE

A palavra é dura! Recorrer a um amigo não é mendigar.

GOMES

Não; mas pedir quando não se pode e não se espera pagar... é mais que mendigar.... É abusar da confiança; é roubar. Bem vê que não seria capaz.

JORGE

Mas o Sr. Gomes não está nessas circunstâncias.

GOMES

Não devo tomar-lhe o tempo com os meus negócios. O objeto sobre que desejava falar-lhe... é muito diferente.

JORGE

Pois eu o escuto.

GOMES

Não! Preciso refletir ainda.

JORGE

Mas não poderei saber?...

GOMES

É escusado... Permita-me!

JORGE

Como quiser.

GOMES

Passe bem!

Cena VII

JORGE, DR. LIMA *e* JOANA

DR. LIMA

Já foi o seu amigo?

Jorge
Já, doutor.

Dr. Lima
Examinou-o bem?... Ele tem alguma coisa. Não está no seu estado normal.

Jorge
Assim me pareceu.

Dr. Lima
Aconselhe-lhe que se trate.

Jorge
Hei de procurá-lo daqui a pouco. É nosso vizinho; mora no primeiro andar... Julgo que tem sofrido desarranjos nos seus negócios.

Joana
Iaiá D. Elisa me disse, nhonhô, que ele sempre foi assim triste.

Dr. Lima
Quem é iaiá D. Elisa?

Joana
É a filha do Sr. Gomes.

Dr. Lima
Bonita?

Joana
Como nhonhô! Parece que nasceram um para o outro.

DR. LIMA
Ah! Temos romance?

JORGE
Qual, doutor!... São idéias de Joana.

DR. LIMA
Havemos de conversar a este respeito. Corri a casa. Está bem acomodado... Tem o que é preciso para um moço solteiro.

JOANA
Oh! Ainda falta muita coisa! Mas há de vir com o tempo.

DR. LIMA
E graças aos teus cuidados. – Mas não te esqueças, Joana! Vai aprontar o quarto do doutor.

JOANA
Sr. doutor fica morando aqui?...

JORGE
Então!

DR. LIMA
Já tomei um quarto no Hotel da Europa.

JORGE
Como, doutor?... Não esperava.

DR. LIMA
Desculpe, meu amigo! Tenho os meus hábitos. Já estou velho. Não quero nem incomodá-lo, nem incomodar-me.

JORGE
Ao menos há de jantar conosco...

DR. LIMA
Hoje não é possível.

JORGE
Ora! Não o deixo sair. Lembre-se que dia é hoje.

DR. LIMA
Já me disse. É o dia de seus anos.

JORGE
E o da sua chegada!... Mas pertence também a Joana.

DR. LIMA
É verdade.

JORGE
(*a Joana*)
Vai! Olha que o doutor chega da Europa, onde se cozinha perfeitamente. Hás de deitar três talheres.

JOANA
Nhonhô espera mais alguém?

JORGE
Quantos somos nós?

JOANA
Nhonhô!... Logo não vê!... Joana sentar-se na mesa com seu senhor!... Credo!

JORGE

Já te disse, Joana!... Aqui não há nem senhor, nem escrava... Se me tornas a falar assim, ralho contigo.

JOANA

Será a primeira vez.

JORGE

E quem terá a culpa?... Anda! Quem desembarca precisa jantar cedo.

DR. LIMA

Mas decididamente, Jorge, não posso.

JORGE

Sério, doutor?

DR. LIMA

Se lhe recuso isto, é que tenho um motivo forte.

JORGE

Neste caso não insisto. (*escreve*)

DR. LIMA

Outro dia! Breve... Hoje deitarás apenas dois talheres, Joana: um para Jorge e outro para ti.

JOANA

Não lembre mais isto, meu senhor!

JORGE

Não acha que deve ser assim?

DR. LIMA
Decerto. (*baixo a Joana*) Senão, fico.

JOANA
Está bom... Será como vmcê. quiser.

DR. LIMA
E no jantar hão de beber duas saúdes.

JORGE
À sua, doutor.

DR. LIMA
À minha sim, mas em primeiro lugar à de sua mãe.

JORGE
E à de Joana.

DR. LIMA
Também!

JORGE
Joana, escuta. – Permite, doutor?

DR. LIMA
Pois não!

JORGE
Leva esta carta a D. Elisa.

JOANA
A iaiá?... Dê cá, nhonhô.

JORGE
Não!... Melhor é que eu não lhe escreva.

JOANA
Que tem isso agora?

JORGE
Ela pode ofender-se!... Desce e procura saber que tem seu pai.

JOANA
Sim, nhonhô!... Vou já.

JORGE
Não te demores!

JOANA
Meu senhor doutor ainda fica?

DR. LIMA
Não. Também vou.

JORGE
Espere um momento.

JOANA
Sr. doutor tem que fazer, nhonhô.

JORGE
Vai, Joana.

DR. LIMA
Adeus. Basta de maçada.

Cena VIII

Dr. Lima e Jorge

Jorge
Que pressa é essa, doutor? Sente-se.

Dr. Lima
Teremos muitas ocasiões de conversar.

Jorge
Sem dúvida; mas estou impaciente por saber de sua boca o nome de minha mãe.

Dr. Lima
De... sua mãe?

Jorge
Sim, doutor.

Dr. Lima
Também eu o ignoro, Jorge.

Jorge
Mas, doutor, eu fui criado em sua casa. Devo-lhe a educação...

Dr. Lima
Pela última vez lhe digo, Jorge... Nada me deve... Nada absolutamente!

Jorge
Ora, doutor!...

Dr. Lima

Dou-lhe minha palavra, e sabe que nunca a dou debalde.

Jorge

Creio, doutor.

Dr. Lima

Pois dou-lhe minha palavra que nunca despendi um real com a sua educação... Quando o quisesse, não podia... Sou pobre!

Jorge

Mas então quem pagava as despesas que eu fazia?

Dr. Lima

Sua mãe.

Jorge

E a ocultam de mim!

Dr. Lima

Não a conheci... Escute, Jorge. Todo o segredo do seu nascimento é este.

Jorge

Fale, doutor.

Dr. Lima

Uma noite fui chamado a toda a pressa para ver meu amigo Soares...

Jorge

Meu pai!

Dr. Lima

Quando cheguei, seu pai já estava moribundo. Apenas me viu, estendeu-me a mão, balbuciando estas palavras: "meu filho... sua mãe..." E expirou.

Jorge

E nada mais?

Dr. Lima

Nada mais. Trouxe-o para minha casa, onde Joana o criou.

Jorge

Joana; a única herança de meu pai!

Dr. Lima

A única!... É verdade.

Jorge

Também ela ignora!... Mas doutor, não me disse como esses suprimentos se faziam.

Dr. Lima

De uma maneira muito simples. Quando o senhor precisava de roupa, livros ou qualquer objeto, vinham trazê-lo à casa.

Jorge

Quem?

Dr. Lima

Caixeiros... alfaiates...

JORGE

E nunca lhe disseram?

DR. LIMA

Se eles não sabiam!

JORGE

Assim estou condenado a ignorar sempre o nome de minha mãe.

DR. LIMA

Não se ocupe com isto!... Algum dia, quando menos o esperar, há de saber. Continue a portar-se como homem de bem, e deixe o mais à Providência.

JORGE

Mas é triste, doutor.

DR. LIMA

Quem sabe!... Quantas vezes esse mistério não é uma felicidade.

JORGE

Não o percebo.

DR. LIMA

Quantas vezes a revelação não perturba as relações de pessoas que se estimam, e não acarreta sobre elas o opróbrio e a desonra...

JORGE

É possível?... Sacrificar-se o filho ao egoísmo...

DR. LIMA
Não acuse, Jorge.

JORGE
Tem razão, doutor.

DR. LIMA
Já se viram pais que se ocultaram para não envergonhar os filhos do seu nascimento.

JORGE
Não diga isto, doutor!... Um filho nunca se pode envergonhar de seu pai!

DR. LIMA
Mas suponha que ele teve a desgraça de sofrer uma condenação... Que tornou-se indigno...

JORGE
Nem assim! Não há motivo que justifique semelhante ingratidão.

DR. LIMA
Nem um?...

JORGE
Nem um, doutor! Se pois é essa a razão...

DR. LIMA
Que lembrança!... Foi apenas uma suposição... Já lhe disse quanto sabia.

JORGE
Dá-me a sua palavra?

DR. LIMA
Jorge, não se esteja a afligir com estas coisas, que no fim de contas nenhuma influência têm sobre a vida... Adeus. É tarde.

JORGE
Estou convencido agora de que sabe mais do que disse.

DR. LIMA
Engana-se.

JORGE
Por que não me dá a sua palavra?

DR. LIMA
Não vale a pena.

Cena IX

Os mesmos e JOANA

JOANA
Ainda está aqui, meu senhor?

DR. LIMA
Esperava que chegasses.

JORGE
Então, Joana?

JOANA
Já fui, nhonhô.

DR. LIMA
Meu amigo, o senhor tem que conversar com Joana. Deixo-o. Até amanhã.

JORGE
Até amanhã, doutor. Hei de procurá-lo.

DR. LIMA
Já lhe disse onde estou... Hotel...

JORGE
Da Europa.

DR. LIMA
Justo! Mas não sei se ficarei lá. É caro para os pobres.

JOANA
Ora, meu senhor andou viajando.

DR. LIMA
É o que tu pensas!... Gasta-se por lá metade do que é necessário para viver aqui modestamente. Adeus.

JORGE
Reflita no que lhe disse. Faz mal em ocultar-me.

DR. LIMA
Não pense mais nisso.

Cena X

JORGE *e* JOANA

JOANA
O que é que o Sr. doutor não quer dizer a nhonhô?

JORGE
Uma coisa que não te interessa.

JOANA
Nhonhô não quer que Joana saiba seus segredos... Não pergunto mais.

JORGE
Não é por isso.

JOANA
Deve ser assim mesmo, nhonhô... Quem é esta pobre mulata para que vmcê. lhe conte sua vida!

JORGE
Está bom, Joana! Eu te digo... Perguntei ao doutor quem era minha mãe.

JOANA
Ah!... E ele?...

JORGE
Respondeu o mesmo que tu. – Mas que soubeste de Elisa?

JOANA
De iaiá D. Elisa...

JORGE
Já não te lembras?

JOANA
Lembro, lembro, nhonhô!... Ela está muito triste; porém não quis dizer por quê.

JORGE
E seu pai?

JOANA
Sr. Gomes saiu. Iaiá perguntou se vmcê. estava em casa... Talvez ela queira falar com nhonhô.

JORGE
Vou vê-la.

JOANA
Vá, nhonhô. Como ela há de ficar contente!

JORGE
Estás com as tuas idéias.

JOANA
Pois então, nhonhô!... Aonde é que se viu um parzinho mais igual.

JORGE
Achas que sim?

JOANA

E não sou eu só!... Quando nhonhô descer, cerre a porta. Eu vou enxaguar uma roupa lá dentro, pode alguém entrar.

Cena XI

JORGE e ELISA

JORGE

Elisa!

ELISA

Não me leve a mal, Sr. Jorge.

JORGE

O quê, Elisa?

ELISA

Este passo que dei... Se soubesse!

JORGE

Conte-me!... Que sucedeu a seu pai?

ELISA

Uma desgraça!... Ele não esteve aqui?

JORGE

Há pouco... bastante perturbado... E não me disse o motivo por que me procurava.

ELISA

Faltou-lhe a coragem... Meu pobre pai!

JORGE
O que foi?... A que vinha ele?...

ELISA
Vinha... Vinha pedir-lhe emprestado... Oh! como lhe custou!

JORGE
Mas... Por que repeliu o oferecimento que lhe fiz...

ELISA
Teve vergonha de aceitá-lo... E entretanto era para salvar a sua vida!...

JORGE
A vida de seu pai! Como, meu Deus!... Elisa! Explique-me o que se passa...

ELISA
Estou tão aflita... Nem posso falar... Desculpe, Sr. Jorge!...

JORGE
Descanse um pouco!

ELISA
Não! desço já. Não devo me demorar aqui!

JORGE
Tem receio... Não está em sua casa? Esqueceu-se!

ELISA

Se não tivesse tanta confiança no senhor, subiria aqui?... morreria antes. Veria morrer meu pai! Mas não teria ânimo...

JORGE

Diga-me... O que houve?

ELISA

Meu pai vendeu tudo quanto tinha para pagar as suas dívidas...

JORGE

Sossegue! Não lhe faltará o necessário.

ELISA

Oh! se fosse isto!... Eu posso trabalhar... Mas uma coisa horrível, uma calúnia... Dizem que meu pai falsificou uma letra!

JORGE

Ah!

ELISA

Meu pai, o homem mais honrado...

JORGE

Incapaz de semelhante ação.

ELISA

Teme ser condenado... Diz que não pode resistir à vergonha... Quer matar-se!

JORGE

Que loucura!

ELISA

Mas ele o fará! Olhe!

JORGE

O que é isto, Elisa?

ELISA

Veneno, Sr. Jorge... Veneno que meu pai trazia consigo, porque há muitos dias essa idéia o persegue.

JORGE

Dê-me este vidro. – Eu falarei a seu pai.

ELISA

Não lhe fale, não!... Ele se irritaria... sem mudar de tenção. Já supliquei de joelhos!

JORGE

Então confessou-lhe...

ELISA

Tudo... E disse-me que se não tivesse forças para lutar contra a desgraça, ainda aí ficaria bastante para... mim!

JORGE

Cale-se, Elisa.

ELISA

"É a única herança de teu pai" me disse ele chorando.

JORGE
Está louco!...

ELISA
Não, Sr. Jorge! Ele tem razão! Devemos morrer juntos!

JORGE
Havemos de viver juntos, Elisa. Porque juro que salvarei seu pai. Mas preciso vê-lo.

ELISA
Não lhe diga que lhe contei...

JORGE
Como saberei as circunstâncias do fato que lhe imputam?

ELISA
Ele mesmo nada sabe, senão que um homem o procurou há pouco e ameaçou-o de entregar a letra falsificada à polícia, se lhe não pagasse hoje às cinco horas da tarde!

JORGE
Em quanto monta essa letra?

ELISA
Em quinhentos mil-réis.

JORGE
E paga ela, seu pai está salvo?

ELISA
Da desonra... e da morte... sim!

JORGE
Não tenho agora essa quantia... Mas prometo arranjá-la, Elisa.

ELISA
Não, não consinto, Sr. Jorge! Não era isso que lhe vinha pedir...

JORGE
Qualquer estranho o faria para salvar a vida de seu semelhante.

ELISA
Eu não lhe devia ter dito!... Mas a idéia de ver morrer meu pai!

JORGE
Elisa!... Repila essa idéia!... Confie em Deus!

ELISA
Em Deus e no senhor!... Quem tenho eu mais na terra, além de meu pai?

JORGE
Preciso sair... Daqui a uma hora voltarei! Hei de salvá-lo!

ELISA
Vou com essa esperança!...

Cena XII

JORGE *e* JOANA

JORGE
Quinhentos mil-réis!...

JOANA
O que é, nhonhô?

JORGE
Deixa-me!...

JOANA
Meu Deus!... Perdão!... Que lhe fiz eu, nhonhô?

JORGE
Nada.

JOANA
Contaram-lhe alguma coisa!... Não acredite!...

JORGE
Em quê?

JOANA
Não acredite no que lhe disseram.

JORGE
E tu sabes o que me disseram?

JOANA
Não!... não sei... Mas não é verdade!... Eu lhe juro, nhonhô.

JORGE
Não te entendo, Joana! Perdeste a cabeça?

JOANA
Mas... Que tem nhonhô então?

JORGE
Estou desesperado!...

JOANA
Por quê?

JORGE
Preciso de dinheiro... e não sei como hei de obtê-lo. (*sai*)

JOANA
Ah!

ATO TERCEIRO

(*Em casa de Jorge. A mesma sala.*)

Cena I

JORGE e JOANA

JORGE
O doutor não veio?...

JOANA
Depois que nhonhô saiu?... Não!

JORGE
Já não sei o que faça!

JOANA
Nhonhô não achou o dinheiro de que precisa?

JORGE
Qual!... Fui ao doutor, não estava... Deixei-lhe uma carta. Procurei um homem que me costumava

emprestar às vezes... Exige penhor... Que posso eu dar?... Só tenho esta mobília!

JOANA
Mas a casa há de ficar sem trastes?

JORGE
Que remédio, Joana!... Prometeu vir daqui a pouco avaliar... Quanto poderão valer essas cadeiras?... Uma bagatela... cem mil-réis?

JOANA
Valem muito mais!...

JORGE
O meu relógio deu-me apenas cinqüenta!

JOANA
Nhonhô foi empenhar o seu relógio?...

JORGE
Que havia de fazer?

JOANA
Jesus!... Que pena!... Mas Sr. doutor já há de ter recebido a carta... Não deve tardar por aí.

JORGE
É a minha única esperança.

JOANA
Enquanto ele não chega, venha jantar, nhonhô; são mais de três horas.

JORGE
Não quero jantar agora, Joana... Estou fatigado... inquieto... Depois.

JOANA
Almoçou tão pouco!

JORGE
Almocei como de costume. Não tenho disposição.

JOANA
Nhonhô não se agasta se eu lhe perguntar uma coisa?...

JORGE
Podes perguntar.

JOANA
Não é só para saber, não... É que talvez Joana possa remediar... Esse dinheiro de que nhonhô precisa para que é?

JORGE
Se o segredo me pertencesse, eu to diria.

JOANA
Ah! É um segredo... Mas precisa mesmo?...

JORGE
Daria metade da minha vida para obtê-lo.

JOANA
Pois então, nhonhô, fique descansado! Tudo se há de arranjar.

JORGE
Como, Joana?... Por que meio?

Cena II

Os mesmos e Dr. Lima

JORGE
Ah! É o doutor...

JOANA
Ele mesmo!...

Dr. Lima
Apenas recebi a sua carta, meti-me num tílburi e aqui estou. Que temos?

JORGE
Creia, doutor, que só uma circunstância extraordinária me obrigaria a recorrer à sua amizade.

Dr. Lima
Nada de preâmbulos, meu amigo. Eu o conheço. Em que lhe posso servir?

JORGE
Preciso, doutor...

Dr. Lima
De quê? Não se vexe!

JORGE
Talvez repare...

DR. LIMA
Precisa de dinheiro... Não é?

JORGE
É verdade.

DR. LIMA
De quanto?

JORGE
De quinhentos mil-réis... Reconheço que é uma quantia avultada.

DR. LIMA
Até aí chegam as minhas forças. Amanhã lhos trarei.

JORGE
Amanhã?

DR. LIMA
Apenas tire o meu fato da alfândega.

JOANA
Ora, bravo... Está tudo arranjado. Eu bem sabia que meu senhor Dr. Lima era um amigo de mão cheia.

JORGE
Mas eu preciso para hoje às quatro horas sem falta.

DR. LIMA
Eis o que é impossível. Três e dez... A alfândega está fechada... os meus papéis estão na mala... A ninguém conheço... Entretanto vou tentar.

JORGE
Inda mais incômodo!... Com efeito, o senhor deve fazer bem triste idéia de mim!

DR. LIMA
Jorge!... Não me ofenda!

JORGE
Parece que o estava esperando para importuná-lo... Mas quando souber o motivo me desculpará.

DR. LIMA
Não quero que mo declare; sei que é honroso, e isto basta-me.

JORGE
Muito obrigado!

DR. LIMA
Não percamos tempo. Se não estiver aqui às quatro horas, é que nada consegui.

Cena III

JORGE e JOANA

JORGE
Está acabado!... Morrerei também!

JOANA
Nhonhô! Não diga isso!... Há de ter esse dinheiro.

JORGE
A última esperança foi-se!

JOANA
Ainda não, nhonhô! Não é de quinhentos mil-reis que precisa?

JORGE
Onde irei eu achá-los?

JOANA
Mas... sua mulata assim mesmo velha, ainda vale mais do que isso.

JORGE
Que queres dizer, Joana?

JOANA
Nhonhô não me deu este papel?... Eu não careço dele!

JORGE
A tua carta!... Estás louca?

JOANA
Ouça, nhonhô...

JORGE
Não quero ouvir nada.

JOANA
Mas nhonhô prometeu dar esse dinheiro.

JORGE
Prometi.

JOANA
Então! Há de faltar à sua palavra... E falar em morrer...

JORGE
Queres que para evitar um mal, cometa um crime?... Que roube a liberdade que te dei?...

JOANA
Nhonhô não rouba nada!... Eu é que não quero... Não pedi!...

JORGE
Que importa?... O que dei não me pertence.

JOANA
Pois eu não aceito! Veja...

JORGE
Que vais fazer?

JOANA
(*rasgando o papel*)
Nhonhô não há de obrigar... Não sou forra!... Não quero ser!... Não quero!... Sou escrava de meu senhor!... E ele não há de padecer necessidades!... Tinha que ver agora uma mulher em casa sem fazer nada, sem prestar para coisa alguma... E meu nhonhô triste e agoniado.

JORGE
Não recebo o teu sacrifício. É escusado. Depois, de que me serviria isto?

JOANA
Mas venha cá, nhonhô... Vmcê. não disse esta manhã que há muito tempo me queria forrar?

JORGE
E disse a verdade.

JOANA
Quem duvida?... Mas não forrou porque tinha pedido um dinheiro emprestado com... Não sei como se chama.

JORGE
Com hipoteca?

JOANA
Isso mesmo!... Pois que custa nhonhô pedir outra vez esse dinheiro emprestado?

JORGE
Tu já não és minha escrava.

JOANA
O que sou eu então!... Nhonhô não me quer mais... Não presto para nada... Paciência!

JORGE
Estás forra.

JOANA
Mas eu rasguei o papel.

JORGE
É indiferente. Eu o escrevi.

JOANA
Que tinha que fizesse isto? Amanhã, Sr. Dr. Lima trazia o dinheiro, e estava tudo direito.

JORGE
Vê quem está batendo. Deve ser o Peixoto.

JOANA
Mas então, nhonhô?

JORGE
Abre a porta.

Cena IV

Os mesmos e ELISA

JOANA
Iaiá D. Elisa!

ELISA
Sr. Jorge. (*Joana afasta-se*)

JORGE
Nada obtive ainda, Elisa.

ELISA
Meu Deus!... Ele já me perguntou pelo vidro!... Eu lhe respondi... Nem sei o que lhe respondi!... São mais de três horas...

JORGE
Não desespere, Elisa! Ainda temos tempo. Vá fazer-lhe companhia. Não o deixe.

ELISA
Oh! se as minhas lágrimas o salvassem!

JORGE
Em último caso, se nada conseguir, irei ter com ele... Não o deixarei realizar o projeto que medita.

ELISA
Mas ficará desonrado... Acusado de falsificador, será demitido... Cuida que resistirá?

JORGE
Procuremos salvar-lhe a honra... Se não for possível, de duas desgraças a menor... a que ainda pode ser reparada!

ELISA
Conto com o senhor!... Não nos abandone, Sr. Jorge.

JORGE
Vá descansada! Talvez mais cedo do que pensa eu possa levar-lhe uma boa notícia!... Se houver alguma coisa de novo, venha me dizer!...

JOANA
Que tem iaiá que está tão triste?

ELISA
Logo te direi, Joana.

JOANA
Sua mulata de nada serve, mas...

ELISA
Sei quanto és boa! Porém não me podes valer.

JOANA
Quem sabe, iaiá?

Cena V

JORGE *e* JOANA

JORGE
Joana!... Aceito o sacrifício que me fazes!...

JOANA
Qual sacrifício!... Isso é o que nhonhô devia ter feito logo. Já estava livre de cuidados.

JORGE
Não o aceitaria nunca se não fosse para o fim que é... Para salvar a vida de um homem... de um pai!

JOANA
Do Sr. Gomes?

JORGE
Sim, do pai de Elisa.

JOANA
Por isso é que iaiá está com os olhos vermelhos de chorar!... Pois nhonhô sabia e recusava!...

JORGE
Nem imaginas quanto me custa!... Há muito tempo não tenho uma tão grande satisfação como a que senti hoje dando-te a liberdade, Joana! Nunca o dinheiro ganho pelo trabalho honesto me inspirou tão nobre e tão justo orgulho!... E destruir agora a minha obra!... Ah! Elisa não sabe que fel me fazem tragar as suas lágrimas!

JOANA
Está bom, nhonhô, não esteja triste!... Tudo vai se arranjar... daqui a uma semana, se tanto, que festa não há de haver nesta casa!

JORGE
Se eu já tiver restituído o que hoje confias de mim com tanta generosidade. Antes disso juro que não gastarei senão o que for absolutamente necessário para viver.

JOANA
E por que agora nhonhô há de se privar do que precisar?

Jorge
O devedor que assim não procede, rouba ao seu credor. E se houve dívida sagrada no mundo é esta que vou contrair contigo.

Joana
Não vejo nada de maior.

Jorge
Aumentas o sacrifício, diminuindo-lhe o valor.

Joana
Nhonhô hoje não está bom, não! Tão cheio de partes!...

Jorge
Será o doutor?

Cena VI

Os mesmos e Peixoto

Peixoto
Com licença!

Jorge
Ah!... Faz obséquio de sentar-se?

Peixoto
Tardei um pouco. Tive que fazer.

Joana
É o homem dos trastes, nhonhô?

JORGE

E o doutor nada!

JOANA

Não achou.

PEIXOTO

Vamos a isso! Falou-me na sua mobília. É esta?

JORGE

Sim, senhor. Tenho também alguns trastes na varanda.

PEIXOTO

Jacarandá... Mais de meio uso.

JOANA

Quase nova, meu senhor...

PEIXOTO

Tem alguns dois anos de serviço.

JOANA

Jesus!... Nem dois meses!

PEIXOTO

Então foi comprada em leilão. Não há que fiar agora. Impingem trastes velhos por novos... Lixa e verniz... Não custa.

JORGE

Mas quanto dá o senhor?

PEIXOTO
Por isto que aqui está... Último preço oitenta mil-réis. Não vale mais.

JORGE
Oitenta só?

PEIXOTO
Só. E não é pouco.

JOANA
Ora, meu senhor! Mais do que isto custou o sofá.

PEIXOTO
Pode ser. Não dou mais.

JORGE
E pela minha cama?... É de mogno maciço.

PEIXOTO
Vejamos. (*entra na alcova*)

JOANA
Mas nhonhô há de ficar sem a sua cama? Isso não tem jeito nenhum.

JORGE
Comprarei outra depois.

JOANA
Melhor é fazer o que lhe disse, nhonhô.

JORGE
Deixa ver... Talvez não seja preciso.

PEIXOTO
A cama e a mobília da sala... Fica tudo por cento e vinte mil-réis. Tem mais alguma coisa?

JOANA
Tem, sim, meu senhor!... Tem esta escrava! Quanto acha vmcê. que ela vale?

PEIXOTO
Ah! Isto é outro caso!... (*a Jorge*) Quer renovar a hipoteca sobre ela?

JOANA
Quer... Ele quer... Pois já não disse?...

PEIXOTO
Não ouvi! Então fica sem efeito o negócio dos trastes?

JOANA
Fica, meu senhor!... Não é, nhonhô?

JORGE
Não sei.

PEIXOTO
Em que ficamos?

JOANA
Devem ser quatro horas!

JORGE
Quatro horas já?!... Que decide, senhor?

PEIXOTO
Sobre a mulata?

JORGE
Sim!

PEIXOTO
Dou-lhe sobre ela trezentos mil-réis.

JORGE
Como, senhor?!... Não lhe estava hipotecada por seiscentos mil-réis que acabei de pagar hoje?

PEIXOTO
Foi em outro tempo! Hoje está velha.

JOANA
Eu velha, meu senhor!... Mal tenho trinta e sete anos... Depois não sou qualquer mulatinha como essas preguiçosas que não entendem de outra coisa senão de estar na janela!... Eu sei pentear e vestir uma moça que faz gosto... Melhor do que muita mucama de fama.

PEIXOTO
Não tenho filhas.

JOANA
Mas eu também sei coser, lavar, engomar. Que pensa meu senhor?... Onde me vê, não é por me gabar... Dou conta do arranjo de uma casa... Varro, arrumo tudo, cozinho, ponho a mesa; e ainda me fica tempo para fazer as minhas costuras, remendar os panos de prato, arear as panelas... Pergunte a nhonhô!

Jorge
Joana, eu te peço!

Joana
Olhe, meu senhor! Dê quinhentos mil-réis, que não se há de arrepender!... Dê sem susto, porque o mais tarde, o mais tarde, amanhã meu nhonhô vai lhe pagar.

Peixoto
Não posso. Tu não estás segura...

Joana
Eu não preciso, meu senhor!... Prometo a vmcê. que não morro!... Não é capaz!... Tenho vida para cem anos. Vmcê. não conhece esta mulata, não. Seguro... Isto é para a gente de hoje!...

Jorge
Escuta, Joana.

Joana
Nhonhô espere... Então vmcê. não dá os quinhentos mil-réis?

Peixoto
Veremos: veremos! Conforme as condições que teu senhor aceitar.

Joana
Logo vi que vmcê. havia de chegar... Porque olhe!... Também por menos, estava bem livre!... – O que é, nhonhô?

JORGE
(*a meia voz*)
Deixa-nos sós. Quero tratar com este homem.

JOANA
E que tem que eu esteja aqui, nhonhô?

JORGE
Em tua presença nunca poderei.

JOANA
Pois eu vou. Não se arrependa, nhonhô. Iaiá D. Elisa está esperando... Coitadinha!...

Cena VII

JORGE e PEIXOTO

PEIXOTO
Está disposto a efetuar o negócio?

JORGE
Por quinhentos mil-réis dados imediatamente.

PEIXOTO
Já vejo que nada fazemos.

JORGE
O senhor supõe que estou, como certas pessoas com quem trata, procurando rodeios para tirar-lhe a maior soma possível. Engana-se.

PEIXOTO
Não suponho tal.

JORGE
Tenho urgente necessidade de quinhentos mil-réis, hoje, dentro de meia hora. Desde que não é possível obter esta quantia, o negócio não me convém. E não sei, Sr. Peixoto, se deva agradecer-lhe.

PEIXOTO
Então precisa de quinhentos mil-réis?

JORGE
Justos.

PEIXOTO
Pois não seja esta a dificuldade. Dou-lhe esse dinheiro sobre a escrava.

JORGE
Já?

PEIXOTO
Não o trago aqui, mas vou buscá-lo... num instante... Isto é, eu ainda não examinei a peça... mas podemos terminar isto.

JORGE
Que é preciso fazer?... Ir a um tabelião...

PEIXOTO
Levaria muito tempo. Distribuir a escritura... pagar selo... Nem amanhã se concluiria.

JORGE
Mas eu preciso hoje.

PEIXOTO
Há meio de remediar tudo. Faça um penhor!

JORGE
Para que o senhor a leve?...

PEIXOTO
Um simples escrito, e está o negócio arranjado.

JORGE
Isso de maneira alguma! Pensei que era o contrato que já fizemos! Joana hipotecada ao senhor, mas sempre em minha casa.

PEIXOTO
Deste modo nem é possível, nem eu lhe daria os quinhentos mil-réis. Devo lucrar os serviços.

JORGE
Por algumas horas... Pois amanhã...

PEIXOTO
Lá isso não sei... Pode ser por meses.

JORGE
Não tenho ânimo de separá-la de mim, de tirá-la de casa!

PEIXOTO
Pois resolva-se!... Vou ao escritório buscar o dinheiro. Daqui a cinco minutos venho saber a resposta.

JORGE
É escusado... Para que se incomodar?

PEIXOTO
Tenho um negócio para estas bandas. Até já.

Cena VIII

JORGE *e* JOANA

JOANA
Arranjou-se tudo, nhonhô! Não foi?

JORGE
Não fiz nada; estou na mesma.

JOANA
O homem teimou em não dar os quinhentos mil-réis?

JORGE
Dava; mas com uma condição que não quis... que não devia aceitar.

JOANA
Qual, nhonhô?

JORGE
Não entendes de negócio. Tanto faz dizer-te como não.

Joana
É verdade que Joana não estudou como os homens que vão à escola! Mas... Nhonhô não faça pouco... Eu sei muita coisa. Pode ser que lembre uma idéia boa.

Jorge
Não fazemos nada, Joana. O melhor é resignar-me.

Joana
Então nhonhô deixa morrer o pai de iaiá D. Elisa?

Jorge
Ele há de atender-me!... É impossível que um homem razoável persista em fazer semelhante loucura.

Joana
Mas vmcê. prometeu a iaiá... E quando ela vier que lhe há de responder?

Jorge
O quê?... Que esta vida não vale as lágrimas que custa!

Joana
Nhonhô!... Não se lembre disso!

Jorge
Que hei de fazer, Joana?

Joana
Se não tivesse deixado o homem sair.

JORGE
Ele ficou de voltar para saber a resposta.

JOANA
Que resposta?

JORGE
Da condição que me propôs... Queria que te desse em penhor.

JOANA
Que eu fosse para a casa dele?

JORGE
Bem vês que não devia aceitar!

JOANA
Nhonhô precisa do dinheiro... Aceite!... Mas é por hoje só, não é?

JORGE
Unicamente!... Amanhã, apenas o doutor chegasse, iria te buscar.

JOANA
Pois então!... Uma tarde depressa se passa!... E nhonhô não faltará ao que prometeu.

JORGE
Elisa vai agradecer-me o que só deverá a ti! Assim é este mundo.

JOANA
Eu não faço nada por iaiá D. Elisa... É por meu senhor...

JORGE
O Peixoto está se demorando! Se não voltar!

JOANA
Eu vou chamá-lo.

JORGE
Espera!... Às vezes tenho vontade que ele não venha.

JOANA
Ah! se o Sr. doutor aparece por aí!

JORGE
Não ouves subir?

JOANA
Vou ver.

Cena IX

Os mesmos e PEIXOTO

PEIXOTO
Já sei que resolveu-se?

JORGE
As circunstâncias me forçaram.

PEIXOTO
Ora bem! Fechemos o negócio. – Vem cá, mulata.

JOANA
Meu senhor!

PEIXOTO
Deixa lá ver os pés!

JOANA
Meu senhor está desconfiado comigo! Eu não tenho doença!... Se nunca senti me doer a cabeça, até hoje, graças a Deus!

PEIXOTO
Ta, tá, tá, cantigas!... Vamos!... Não te faças de boa!

JOANA
Ninguém ainda me tratou assim, meu senhor!

PEIXOTO
Anda lá!... Mostra os dentes!

JOANA
Todos sãos!

PEIXOTO
É o que esta gente tem que mete inveja! Se fosse possível trocar!... E não tens marca?

JORGE
Senhor! Acabe com isto!... Não posso mais ver semelhante cena.

PEIXOTO
Quem dá o seu dinheiro, Sr. Jorge, deve saber o que compra... Se não lhe agrada...

JORGE
Está no seu direito; quem lhe contesta?... Mas terminemos com isto de uma vez.

PEIXOTO
Não desejo outra coisa. – Então tens as tais marcas, hein?...

JOANA
Fui mucama de minha senhora moça, que me tratava como sua irmã dela. Saí para o poder de nhonhô, que até hoje nunca me disse "Joana, estou zangado contigo!"

PEIXOTO
Tens um bom senhor, já vejo!

JORGE
Perdoa, Joana, o por que te fiz passar!

JOANA
Não foi nada, nhonhô.

PEIXOTO
Muito bem! Aqui está o papel.

JORGE
O senhor enganou-se!... Seiscentos mil-réis?

PEIXOTO
É difícil enganar-me. São mesmo seiscentos mil-réis.

JORGE
Mas eu pedi-lhe quinhentos mil-réis.

PEIXOTO
Justo! É o que há de receber. Os cem são de juros.

JORGE
Por um dia?... Pois amanhã...

PEIXOTO
Não empresto por um dia! Se quiser pagar amanhã, nada tenho com isso.

JORGE
Mas receberá.

PEIXOTO
Certamente!

JORGE
E ganhará em um só dia 20%.

PEIXOTO
São os riscos do negócio... Posso esperar anos sem receber.

JORGE
Nesse caso os serviços.

Peixoto

Ainda não sei quais são. Demais, tenho a alimentação, vestuário, botica, médico, etc.

Jorge

Enfim!... Já não é tempo de recuar. (*vai à mesa assinar o papel*)

Joana

Meu senhor, não cuide que vou lhe fazer despesas. Como um quase nada...

Peixoto

Que interesse tens tu no negócio! Parece que estás morrendo por te ver livre de teu senhor.

Joana

Está ouvindo, nhonhô?

Jorge

Mas, senhor!... Isto é um papel de venda.

Joana

De venda?!... Nhonhô me vender!

Peixoto

Questão de palavras!... Não vê que tem a condição de *retro*?

Jorge

O senhor falou-me em penhor... Venda! Nunca teria consentido.

Peixoto
É uma e a mesma coisa. No penhor, se o senhor não me pagar, a escrava é minha. Na venda *a retro* ela volta ao seu poder, logo que me pague.

Jorge
Em todo o caso prefiro o penhor.

Peixoto
Meu caro senhor, tenho tido todas as condescendências possíveis; mas V. Sa. não está habituado a tratar certos negócios, de modo que nunca chegaremos a um acordo.

Jorge
Porque o senhor não diz francamente o que exige?

Peixoto
Essa é boa! Quer mais franqueza?... É aceitar ou largar! Não obrigo!

Joana
Mas se nhonhô lhe pagar amanhã, fica meu senhor outra vez?

Peixoto
Que dúvida!... Tem um mês para pagar!

Joana
Então nhonhô... Vem dar no mesmo.

Jorge
Não!... não posso assinar semelhante papel!

PEIXOTO

Bem! o dito por não dito!... Outra vez fará o obséquio de não me incomodar. Perdi com o senhor a manhã inteira... sem o menor proveito. (*Elisa aparece*)

Cena X

Os mesmos e ELISA

JORGE

Ah! (*assina*) Tome, senhor. O dinheiro? (*corre a Elisa*)

PEIXOTO
Ei-lo. – Oh! Quem é esta moça?

JOANA
É a filha do Sr. Gomes.

PEIXOTO
Hum!... Percebo!

JORGE
Não se importe que a vejam aqui! Se a caluniarem, eu farei calar o infame!

ELISA
Nem sei já o que faço!...

JORGE
(*a Peixoto*)
O dinheiro?

PEIXOTO
Aqui o tem. Faça o favor de contar.

ELISA
Este homem!...

JORGE
Que tem?

ELISA
É o que ameaçou meu pai!

JORGE
Devia ter adivinhado!

ELISA
Vendo-o entrar, julguei que já vinha... Fiquei fora de mim... Subi! Há que tempo estou ali sem ânimo de entrar.

JORGE
Finalmente seu pai está salvo! Tome, Elisa!...

ELISA
Oh! não, Sr. Jorge!

JORGE
Tem vergonha de aceitá-los da mão de seu marido?...

ELISA
Não era melhor que o senhor mesmo entregasse a meu pai?

Jorge
Ele aceitaria mais facilmente de sua filha!

Elisa
Mas eu é que não posso!... Não devo...

Jorge
Espere!... (*a Peixoto*) O senhor tem em seu poder uma letra do Sr. Gomes?

Peixoto
Uma letra de quinhentos mil-réis? Sim, meu senhor!

Jorge
Está paga! Dê-me esta letra!

Peixoto
Então era esta a necessidade urgente? (*dá a letra*) Muito podem uns bonitos olhos!

Jorge
Insolente!... Respeite nesta senhora minha mulher.

Peixoto
Perdão! Não sabia.

Jorge
(*a Elisa*)
Agora não deve ter escrúpulos. É um papel sem valor.

Elisa
Sem valor, Jorge!... Vale a honra e a vida de meu pai; vale a nossa felicidade.

JORGE

Vá depressa sossegar seu pai... Ah! Agradeça a Joana, Elisa.

ELISA

Por quê? Ela também se interessou por mim?

JORGE

Depois lhe direi por quê.

JOANA

Eu só peço a Deus que faça meu nhonhô e iaiá D. Elisa muito, muito felizes!

(*Durante a cena seguinte vêem-se Jorge e Elisa na porta.*)

Cena XI

PEIXOTO *e* JOANA

PEIXOTO

Não tens alguma roupa?... Ou é só a do corpo?

JOANA

Tenho muita roupa, graças a Deus; é o que não me falta. Nhonhô me dá mais do que eu preciso.

PEIXOTO

Pois então vai arrumar a trouxa. E anda com isso.

JOANA

Por uma noite?... Nhonhô amanhã vai me buscar.

PEIXOTO
Todos eles dizem o mesmo... Amanhã, amanhã... e o tal amanhã dura um ano.

JOANA
Que diz, meu senhor?... Um ano!... Oh! meu nhonhô não é como esses. Vmcê. há de ver... Ele quer bem à sua mulata.

PEIXOTO
Vamos. Despacha-te. Vai sempre ver a roupa. Não digas que te engano.

JOANA
Não, meu senhor. Se eu ficar lá, o que Deus não há de permitir, não... eu virei buscar os meus trapinhos. Agora!... Se eu os levasse... Era como se não tivesse mais de voltar para o poder de meu nhonhô!... E Joana não poderia!

PEIXOTO
Bem! Eu cá mandarei.

Cena XII

Os mesmos e JORGE

JORGE
Desculpe se os fiz esperar.

PEIXOTO
Não manda mais nada ao seu serviço?

JORGE
Tenho apenas uma súplica a fazer-lhe.

PEIXOTO
Que diremos?

JORGE
Durante o tempo que esta... que Joana vai estar em sua casa.

PEIXOTO
Que é minha escrava, quer o senhor dizer.

JORGE
Peço-lhe que a trate com doçura. Está habituada a viver comigo, mais como uma companheira do que...

PEIXOTO
Escusa pedir-me isto. Sou bom senhor. O caso é saberem levar-me. Anda mulata! Vamos.

JOANA
Já?!... Me deixe dizer adeus a meu nhonhô.

PEIXOTO
Pois dize lá o teu adeus... E nada de choramingas.

JOANA
Meu nhonhô, adeus! Sua escrava vai-se embora!

JORGE
Joana!

JOANA
Não chore, nhonhô. É por hoje só. Não é?

JORGE
Eu te juro.

JOANA
Oh! Se não fosse, nhonhô me deixava ir?

JORGE
Decerto que não!

JOANA
Mas se o Sr. doutor não vier amanhã?

JORGE
Se ele faltar, meu Deus!

JOANA
Não há de faltar, não. Sr. doutor é homem de palavra...

JORGE
E quando por qualquer acaso sucedesse... Ainda tenho forças para trabalhar.

JOANA
Oh! meu nhonhô! Não é por mim que eu tenho medo de ficar lá. Deus é testemunha... Mas quem há de tratar de meu nhonhô quando sua Joana não estiver aqui?... Quem há de preparar tudo, para que não lhe falte nada? E se nhonhô cair doente?!... Meu Jesus!... Que dor de coração só de pensar nisso!

JORGE

Consola-te, Joana. Algumas horas depressa se passam.

JOANA

É assim mesmo, nhonhô... Mas que saudades que Joana vai ter... Ela que nunca saiu de junto de seu senhor... nem um dia... Que nunca se deitou sem lhe tomar a bênção! Nhonhô também há de ter saudades de sua escrava?...

JORGE

Perguntas, Joana?

JOANA

Oh! Eu sei que nhonhô há de ter!... Mas não fique triste, não.

JORGE

Joana, não me faças perder a coragem... Deste modo não terei ânimo.

JOANA

Está bom, nhonhô. Olhe: Joana não chora mais! Está se rindo. Amanhã ela estará aqui outra vez, servindo seu nhonhô... E iaiá D. Elisa, Sr. Gomes... todos contentes!

PEIXOTO

Se continuamos assim, não saio daqui hoje! É uma choradeira que nunca mais se acaba.

JORGE
Não zombe destas lágrimas, senhor! Joana me criou. Nunca nos separamos. É toda a minha família! Ela e um amigo que tive hoje a felicidade de ver. Amor de mãe que não conheci, amor de irmã que não tive, tudo concentrei nela!

PEIXOTO
Mas é preciso que terminemos com isto.

JORGE
É justo... Joana! Adeus! Até amanhã!

JOANA
Até amanhã!... Sim, meu nhonhô!... Mas se eu lhe pedisse...

JORGE
O quê? Dize...

JOANA
Não... Para quê... Incomodar a nhonhô?

JORGE
Pode... O quê?

JOANA
Nhonhô à tardinha... Quando se recolhesse... Podia passar...

JORGE
Compreendo... Eu irei ver-te, minha boa Joana.

JOANA
Que alegria que Joana terá!

PEIXOTO
Não posso mais. – Psiu! Mulata! segue-me!

JORGE
Não lhe fale assim!

PEIXOTO
Ora, essa! É minha escrava. Posso fazer dela o que quiser.

JORGE
Usurário!... Não me obrigue a fazer uma loucura!

JOANA
Nhonhô não se altere... Vamos, meu senhor. Estou pronta.

PEIXOTO
Passa! Anda...

JOANA
Nhonhô!... Lembre-se de sua escrava.

JORGE
Meu Deus!

ATO QUARTO

(*Em casa de Jorge, a mesma sala.*)

Cena I

Jorge e Elisa

ELISA

Sr. Jorge!...

JORGE

Ah! bom dia, Elisa!... Seu pai?

ELISA

Está inteiramente calmo. Saiu... Disse-me que daqui a pouco lhe viria agradecer.

JORGE

Ele já sabe?

ELISA
Contei-lhe tudo!... Não devia?

JORGE
Fez bem. Que respondeu ele?

ELISA
Sorriu, Jorge!

JORGE
Aprovou portanto...

ELISA
Parece...

JORGE
Só nos falta para sermos felizes...

ELISA
O quê?... Não me responde?

JORGE
Não posso agora! Depois saberá, Elisa.

ELISA
Deve ser alguma coisa que lhe pesa! Está inquieto!

JORGE
É engano!... Não tenho motivo de inquietação.

ELISA
Quer ocultar de mim, que lhe contei todos os meus pesares?

JORGE

Nada oculto... São recordações... O espírito humano é assim... Inquieta-se, possui-se de um vago temor, quando maior razão tem de alegrar-se.

ELISA

Pois eu o deixo... Já que não posso desvanecer, não quero perturbar essas recordações.

JORGE

É uma queixa injusta. Fique!

ELISA

Oh! Não... Não posso demorar-me... Não devo! Quis unicamente agradecer-lhe... Na presença de meu pai não teria ânimo.

JORGE

Por quê, Elisa?

ELISA

Não sei!... Há certas coisas que... Não posso explicar... Mas só ao senhor as diria!

JORGE

Tem razão, Elisa! Se há pudor sublime é o da alma.

ELISA

Será talvez por isso... Eu conheço que é impróprio vir aqui! Porém ontem a desgraça me arrastou sem consciência do que fazia! Hoje foi a gratidão que me trouxe.

JORGE
Uma vez por todas, Elisa. Não tem que me agradecer.

ELISA
Oh! Sr. Jorge!

JORGE
Não, Elisa. O que fiz foi por egoísmo. Não defendia a minha felicidade? E se alguém deve ser grato, não sou eu?

ELISA
O que o senhor chama a sua felicidade, não é também a minha? Fui eu que a dei ou que recebi?...

JORGE
Deu-a.

ELISA
Recebi-a com a honra e a vida de meu pai. Bem vê que a gratidão me pertence, e a mim só!

JORGE
De modo algum!

ELISA
Não ma roube!... É a minha única riqueza.

JORGE
E o amor, Elisa?

ELISA
Esse não me pertence! É seu!... Bem o sabe! Adeus.

JORGE
Até logo, então?

ELISA
Até logo, sim... Onde está Joana?

JORGE
Joana? – Lá dentro... saiu... creio.

ELISA
Ainda hoje não a vi!... Desde ontem à tarde!...

JORGE
Esteve ocupada talvez.

ELISA
Ralhe com ela para não ser ingrata!... É verdade!... O que ficou de me dizer ontem?...

JORGE
Depois, Elisa!

ELISA
Também o senhor hoje vai deixando tudo para depois. Quando se realizarão todas as suas promessas?...

JORGE
No dia em que se realizarem as minhas esperanças.

ELISA
Ah!... Tem bem que esperar!

JORGE
Não há de ser tão má.

Cena II

Os mesmos e JOANA

ELISA
Aqui está ela!

JORGE
Joana!

JOANA
Meu nhonhô!... Como está?... Dormiu bem?... Não teve nenhum incômodo, não?... Ai, que já não podia!... Passar tanto tempo sem ver meu nhonhô! – Adeus, iaiá.

ELISA
Estou muito agastada contigo!... Onde é que andaste?

JOANA
Eu! Aí mesmo, iaiá.

ELISA
Mas chegaste de fora... Ainda não tinhas visto Sr. Jorge hoje?

JORGE
Ainda não.

ELISA
O senhor ainda não saiu!...

JOANA
Não vê, iaiá... Sim! eu fui ontem de tarde... Aproveitei, como o tempo estava bom... Fui lavar uma trouxa de roupa numa chácara em Santa Teresa.

ELISA
Por isso é que não te vi mais ontem?

JOANA
Foi, iaiá... Foi por isso mesmo!... Mas nhonhô está triste! Não fala com sua mulata!

JORGE
Já te falei, Joana. Estou esperando pelo doutor!

JOANA
Não tarda, nhonhô... Vem sem falta. Não se agonie.

ELISA
E eu não quero que me encontre aqui!

JOANA
Iaiá já vai?... Então quando é o dia!

ELISA
Que dia?... Começas com as tuas graças!

JOANA
Ora, isso é uma coisa tratada. Não é, nhonhô?

JORGE
Só falta o que tu sabes, Joana!

ELISA
O quê?... Não me dizem?

JORGE
É um segredo!

JOANA
Iaiá quer saber?

ELISA
Quero, sim!... É a meu respeito?

JOANA
Escute, iaiá... No ouvido. É o vestido que está se fazendo.

ELISA
Mentirosa!... Cuidas que eu acredito?

JOANA
Se eu é que hei de cosê-lo com estas mãos!

ELISA
Antes disso tens muito que coser.

JOANA
O enxoval! Não é, iaiá?

ELISA
Joana! Por tua causa não hei de vir mais aqui. (*sai*)

Cena III

JOANA *e* JORGE

JORGE
Como te tratou aquele homem, Joana? Não imaginas quanto me arrependi... Entretanto se não o fizesse, quem sabe o que aconteceria!

JOANA
Não tenha cuidado, nhonhô! Joana vive em toda a parte... O que tem é que sente um aperto de coração quando não pode ver seu nhonhô!

JORGE
Também eu! Toda a noite não pude sossegar... Faltava-me alguma coisa.

JOANA
Deveras!... Nhonhô sentiu que sua Joana se fosse embora!... Como nhonhô é bom! Como quer bem à sua Joana!

JORGE
Pois duvidavas?

JOANA
Então eu não sei que nhonhô me estima!

JORGE
Muito!... E o doutor que não chega!

JOANA
Não pode tardar. Enquanto nhonhô espera, eu vou endireitar isto... Como há de estar tudo numa desordem!

JORGE
Decerto!... não estando tu aqui...

JOANA
Por isso eu hoje, logo que acordei, pedi a Nosso Senhor Jesus Cristo, primeiro pela vida e saúde de meu nhonhô, de iaiá D. Elisa, do Sr. Gomes, do Sr. doutor; depois prometi à Nossa Senhora uma camisinha bordada para seu menino Jesus dela, o que está na igreja do Sacramento, se não deixasse dar nove horas em S. Francisco de Paula sem que eu viesse ver meu nhonhô, tomar a bênção a ele e fazer seu serviço para que não sentisse a falta de sua Joana.

JORGE
E sou eu que hei de cumprir a tua promessa.

JOANA
Não é nhonhô que me dá tudo?... Depois, das mãos de nhonhô a Virgem Santa há de receber com mais gosto.

JORGE
Ela a receberá do teu coração, Joana.

JOANA
Mas eu é que hei de bordar a camisinha!

JORGE
Faz-te mal aos olhos o bordar.

JOANA
Para Nossa Senhora... Para seu Menino Jesus dela! Qual!

JORGE
Só consinto com a condição de não trabalhares à noite.

JOANA
Pois sim, nhonhô. Mas eu não disse como Nossa Senhora se lembrou de mim!

JORGE
Como foi?

JOANA
Olhe, nhonhô!... Vê-se mesmo que foi coisa do Céu! E há gente que zomba e não quer acreditar!... Pois eu estava pensando no meu canto, que volta havia de dar para ver nhonhô, quando o homem me chamou e disse: "Se alguém bater fala pela janela e manda esperar. Eu costumo fechar a porta da rua e levar a chave."

JORGE
Deixou-te presa?

JOANA

Não, nhonhô! Aí é que está o milagre de Nossa Senhora! Eu fiquei fria quando ele disse aquilo!... De repente chega uma carta! O homem lê, ataranta-se todo, e lá se vai sem chave, sem nada!

JORGE

E saíste?

JOANA

Fechei tudo direitinho, cerrei a porta da rua e corri até aqui.

JORGE

Não se zangue ele quando voltar!

JOANA

Antes disso eu hei de estar lá... Deixe-me endireitar tudo... Espanar a mobília.

JORGE

Talvez não voltes mais! Chegando o doutor...

JOANA

Quem dera, nhonhô!

JORGE

Não te há de alegrar mais do que a mim.

JOANA

Ora, nhonhô quer se privar de sua mobília tão bonita!... Simples, mas bem feitinha!... Estas cadeiras tão direitinhas... e leves!... Estes aparadores... Parece que se tomou a medida pela casa.

JORGE

Preferia perder tudo isto a ver-te sair de minha casa... E como?

JOANA

O melhor é a gente não se lembrar mais disto! Oh! nhonhô! Que vidro é este, que está aqui?

JORGE

Qual, Joana?

JOANA

Este, nhonhô. Não vê?

JORGE

Cuidado, Joana. É veneno!

JOANA

Veneno!... Nhonhô!... Que quer fazer?... Mau...

JORGE

Ouve!...

JOANA

Mau, sim!... Nhonhô é um ingrato!... Meu Senhor Deus!... E eu não tive uma pancada no coração que me dissesse!...

JORGE

Que estás aí a inventar, Joana? Quem te disse que este veneno era para mim?

JOANA
Ah! não era... Mas como veio parar aqui?

JORGE
Eu te explico. Ninguem mais do que tu deve saber. É a prova da tua generosidade!... O pai de Elisa...

JOANA
Sr. Gomes?

JORGE
Queria matar-se!

JOANA
Por causa daquela letra?

JORGE
Justamente. Elisa tirou-lhe o veneno e me confessou tudo ontem!

JOANA
Que menina! Hum!... Não me disse nada! Foi dela que nhonhô tomou o vidro?... Mas não devia deixar por aqui.

JORGE
Esqueci-me. Tenho tido tantas preocupações... Dá cá.

JOANA
Eu guardo, nhonhô, para deitar fora.

JORGE
Vê se te descuidas!...

JOANA
Está no seio. Vou atirar ao mar... Pode algum malfazejo...

JORGE
Não o abras!

JOANA
Eu!... Nosso Senhor me defenda.

JORGE
Aí está o doutor!

JOANA
Ai!... Que ia fazendo?

JORGE
Hein?... Que foi?...

JOANA
Naquela aflição de ontem me esqueci!... Nhonhô não diga nada a ele do que se passou!... Olhe lá!

JORGE
Por quê? Não queres que ele te admire?

JOANA
Nhonhô! Fora de graça!... Não diga nada! Por tudo quanto há!

JORGE
Tens razão!...

Cena IV

Os mesmos e Dr. Lima

Dr. Lima
Então, como se arranjou?

Jorge
Achei quem me emprestasse, mas com a condição de pagar hoje sem falta.

Dr. Lima
Muito bem! Eu fiz o que pude. Ontem nada consegui.

Jorge
E hoje?...

Dr. Lima
Adeus! Joana.

Joana
Meu senhor passou bem?

Jorge
Mas então, doutor?

Dr. Lima
O que lhe disse eu ontem?

Jorge
Que hoje às nove horas, se não pudesse antes.

Dr. Lima
Que horas são?

Jorge
Não sei! Empenhei o meu relógio!...

Joana
Hão de ser nove, meu senhor.

Dr. Lima
Menos cinco minutos. Eu aqui estou e o dinheiro comigo.

Jorge
Ah!

Joana
Eu sempre disse! Homem de palavra, como meu senhor!...

Dr. Lima
Espera! que temos uma conta a ajustar...

Joana
Comigo?... Eu não fiz nada!

Dr. Lima
Já te falo. (*a Jorge*) Aqui tem. Está nesta carteira um conto de réis. Tire o que precisar.

Jorge
Preciso de seiscentos mil-réis. Tenho oitenta, bastam-me quinhentos e vinte.

Dr. Lima

Não se acanhe!... Esses oitenta mil-réis são naturalmente o produto do seu relógio empenhado!... Vá desfazer essa transação. Gaste o que for preciso para pôr em ordem os seus negócios. Depois falaremos.

Jorge

Não lhe sei agradecer, doutor!... Se este dinheiro fosse para matar-me a fome, eu não o receberia com tanta avidez.

Dr. Lima

Agora a nossa conta, Joana. Jorge não te deu ontem um papel?

Joana

Meu senhor!...

Jorge

Como soube, doutor?

Dr. Lima

Eu não estava aqui?... Já se esqueceram?...

Jorge

Estava... mas...

Dr. Lima

Quando te deu esse papel, que te disse Jorge?

Joana

A que vem isto agora, meu senhor?

Dr. Lima

Ainda!... Disse-te: "Joana, nesta casa não há mais nem senhor nem escrava." (*a Jorge*) Não foi isto?

Jorge

Foi, doutor, e repito.

Dr. Lima

Ora bem! Se eu te ouvir daqui em diante alguma destas palavras, meu senhor, sua escrava, saio por aquela porta e não ponho mais os pés aqui!

Joana

Meu... Sr. doutor!

Jorge

Ralhe! Ralhe com ela, doutor, para ver se emenda-se.

Dr. Lima

Não venho mais cá e escrevo uma carta a Jorge... explicando-lhe o motivo?

Joana

Ah! Vmcê. não há de fazer isto! Eu juro o que quiser.

Dr. Lima

Estamos entendidos.

Jorge

Dê-me licença, doutor. Vou sair um instante para saldar essa dívida que me pesa.

Dr. Lima
Sem cerimônia! Vá. Enquanto espero, Joana, prepara alguma coisa, que ainda não almocei.

Jorge
Ouves, Joana?!

Joana
Já. Num momento!

Dr. Lima
Chá e pão, basta!... Oh! Quem toca por aqui?

Joana
É iaiá.

Jorge
É a minha vizinha do primeiro andar.

Dr. Lima
Que não tarda subir ao segundo?

Jorge
Talvez, doutor.

Cena V

Dr. Lima *e* Joana

Dr. Lima
Dá-me o jornal!... Aquilo que eu te disse é sério, ouviste, Joana?

JOANA
Ouvi, Sr. doutor. Quer que eu jure outra vez?

DR. LIMA
Não é necessário.

JOANA
Ai!... Iaiá D. Elisa vai cantar! Como ela está contente hoje! Coitadinha! É uma pombinha sem fel!... E como canta bem!... Ora, discípula de nhonhô!... Que bonita voz!... Não é, Sr. doutor?

DR. LIMA
Muito; mas há outra que eu acharia mais bonita.

JOANA
Qual?... Não é capaz.

DR. LIMA
A tua, Joana...

JOANA
Gentes!... Que partes de Sr. doutor.

DR. LIMA
Se ouvisses o resto... É a tua quando me disseres que o almoço está pronto.

JOANA
Santo Deus!... E eu a dar à taramela!... Perdão, Sr. doutor.

DR. LIMA
Perdôo-te o julgares que com sessenta anos tinha tenções de namorar-te.

Cena VI

Dr. Lima

(*Cena muda. O doutor lê o jornal, interrompendo às vezes a leitura para ouvir o romance francês –* L'Aiguille – *que Elisa canta; afinal adormece. Pouco depois de acabar o romance, entra Jorge.*)

Cena VII

Dr. Lima *e* Jorge

Jorge
Que maçada!

Dr. Lima
Hein!... Que é?... Que temos?

Jorge
Estou contrariado, doutor. Não achei o homem.

Dr. Lima
Não é culpa sua. Ele que o procure.

Jorge
Fiquei de ir levar-lhe o dinheiro, eu mesmo.

Dr. Lima
Voltará depois.

Jorge
Devo pagar-lhe hoje sem falta.

Dr. Lima
O dia apenas começou. Há tempo de sobra.

Jorge
Só o encontrarei de manhã.

Dr. Lima
Ora, se lhe parece!... Faça disso uma questão de honra! Já o procurou; cumpriu o seu dever. Ele que apareça.

Jorge
Aqui?

Dr. Lima
Então!... Onde há de ser?

Jorge
Eu é que devo ir à sua casa.

Dr. Lima
Há de poupar-lhe esse incômodo. Não digo!

Cena VIII

Os mesmos, Elisa *e* Gomes

Gomes
Não é uma visita, Sr. Jorge, que viemos fazer-lhe, minha filha e eu.

JORGE
Sente-se, D. Elisa... Sr. Gomes, doutor!...

GOMES
Não é uma visita, não. É uma romaria, como dizem que outrora faziam aos lugares santos.

JORGE
Ora, Sr. Gomes.

GOMES
O Sr. doutor, a quem peço desculpa de minha distração de ontem...

DR. LIMA
Não tem de quê. Vi que estava indisposto.

GOMES
Estava, como pode estar o homem a quem a honra ordena que morra e sua filha órfã pede que viva.

ELISA
Meu pai!... Esqueça-se!...

GOMES
Ao contrário devo lembrar! Devo confessá-lo! Não temos outro meio de reconhecer a dedicação daquele a quem tu deves a vida do teu pai; e eu mais do que a vida.

JORGE
Para que voltar a um passado que nos aflige a todos?

GOMES

Eu não conheço egoísmo mais cruel do que o do benfeitor que recusa o reconhecimento daqueles a quem recorreu. A gratidão, Sr. Jorge, não é só um dever; é também um direito.

DR. LIMA

E um direito sagrado!

JORGE

Porém, doutor, o Sr. Gomes nada me tem a agradecer. Ele o sabe; e vou dar-lhe a prova. Estamos entre amigos, Elisa... seu pai e o meu...

DR. LIMA

Pela afeição unicamente!... Nunca lhe fiz serviços...

JORGE

Doutor!... Não há meia hora!

GOMES

Vê, Sr. Jorge! O senhor mesmo me dá razão.

JORGE

Não, senhor! Ouça... Eu concebi há meses uma esperança de cuja realização depende a ventura de minha vida. Amava... Amo sua filha!

GOMES

Ela me confessou, Sr. Jorge.

JORGE

Confessou-lhe unicamente que eu a amava?

GOMES

E que era...

ELISA

Meu pai!...

GOMES

Não cores, minha filha. O amor puro, como o teu, é a coroa de virgem de uma moça. Elisa também o ama, Sr. Jorge.

JORGE

Que fiz eu pois, Sr. Gomes, senão velar sobre a minha felicidade?... Fui apenas egoísta!... Não tenho razão, doutor?...

DR. LIMA

Todos têm razão; mas é preciso que se entendam. Definamos a situação, como dizem os estadistas quando a querem embrulhar. – Jorge pede-lhe a mão de sua filha, Sr. Gomes.

GOMES

Responde, Elisa.

ELISA

Não... Logo... meu pai!

GOMES

É de ti unicamente que ele deve receber a tua mão!

ELISA

Ele já não sabe?

JORGE
É verdade! Só esperamos pelo seu consentimento.

GOMES
Não tenho consentimento a dar... Faço um voto pela felicidade de ambos.

DR. LIMA
Isto é mais claro. Marquemos o dia.

GOMES
O Sr. Jorge dirá.

ELISA
Já!... Que pressa!

JORGE
Elisa é quem deve marcar.

ELISA
Eu não!

DR. LIMA
Pois marco eu. E aposto que vão todos ficar satisfeitos. Que dia é hoje?

JORGE
Terça-feira.

DR. LIMA
Em três dias faz-se um vestido... Sábado!

GOMES

Muito bem.

JORGE

Concordo.

ELISA

Tão cedo!...

DR. LIMA

Quanto à casa, esta tem as acomodações necessárias.

JORGE

Ainda não a viu, Sr. Gomes? Venha. Quero mostrar-lhe o gabinete que lhe destino.

GOMES

A mim!...

JORGE

Desejo que Elisa tenha seu pai junto de si. Entremos. É casa de estudante... Não repare.

Cena IX

DR. LIMA *e* ELISA

DR. LIMA

Há pouco, sem o suspeitar, deu-me grande prazer, minha senhora. Ouvi-a cantar.

ELISA
Ah! Estava aqui?

DR. LIMA
Era um romance francês!...

ELISA
Aprendi-o a cantar sentindo-o. Por isso gosto muito dele.

DR. LIMA
Tem uma linda voz!

ELISA
Qual!... Há muitos dias que não cantava! Hoje tive umas saudades!

DR. LIMA
Da música ou do mestre?...

Cena X

Os mesmos e PEIXOTO

PEIXOTO
Viva, senhor!

DR. LIMA
Tire o chapéu!... Não vê que está diante de uma senhora?

PEIXOTO
Não reparo nestas coisas... A minha escrava?...

DR. LIMA
Que escrava? O senhor sabe a quem fala?

PEIXOTO
A escrava que o tal Sr. Jorge me vendeu!... Fugiu-me esta manhã!... Está acoitada aqui!

ELISA
Joana!

DR. LIMA
Tranqüilize-se, D. Elisa. Joana está forra. Jorge deu-lhe ontem a carta à minha vista!

ELISA
Ela o merecia!

PEIXOTO
Que histórias está aí o senhor a contar?

DR. LIMA
Digo-lhe a verdade.

PEIXOTO
Pois enganou-se!... Quero já para aqui a minha escrava!... Senão vou à polícia!... É uma velhacada!

DR. LIMA
Lembro-lhe que não está em sua casa! De que escrava fala o senhor?

PEIXOTO
Quantas vezes quer que lhe diga?... Da mulata Joana, que comprei ontem!

ELISA
Ah!

DR. LIMA
O senhor mente!

PEIXOTO
Veremos!... Eu lhe mostrarei para que serve este papel. (*o doutor lê o papel na mão de Peixoto. Joana aparece no fundo*)

Cena XI

Os mesmos, JORGE *e* GOMES

JORGE
Cale-se.

GOMES
Este miserável aqui!

PEIXOTO
A minha escrava!

DR. LIMA
Desgraçado!...

JORGE
Doutor!...

DR. LIMA
Tu vendeste tua mãe! (*Joana foge*)

JORGE
Minha mãe!... Ah!...

DR. LIMA
Tua mãe, sim!... Digo-o alto! porque te sei bastante nobre para não renegares aquela que te deu o ser. (*pequena pausa*)

PEIXOTO
Em todo o caso... Eu não perco o meu dinheiro.

DR. LIMA
Quanto se lhe deve?

PEIXOTO
Seiscentos mil-réis! (*Jorge atira o dinheiro*)

DR. LIMA
Dê-me este papel.

JORGE
Oh! Não o rasgue, doutor!

DR. LIMA
Para que conservar esse testemunho?

JORGE
Para exprobrar-lhe o que me obrigou a fazer!... Porque foi ela... quem tratou com esse homem.

PEIXOTO
Lá isso é a pura verdade.

JORGE
A carta rasgou-a!

DR. LIMA
Amor de mãe!...

JORGE
Ah! Meu pai!... Meu pai!... Como deves sofrer neste momento!

DR. LIMA
Ele não teve tempo de declarar... A morte foi repentina.

JORGE
E ter vivido vinte anos com ela, recebendo todos os dias, a todo o instante as efusões desse amor sublime!... E não adivinhar!... Não pressentir!... Perdão, minha mãe!... Onde está ela? (*sai*)

Cena XII

DR. LIMA, GOMES, ELISA, PEIXOTO e VICENTE

VICENTE
(*a Peixoto*)
Alto lá, camarada! (*segura-o pela gola*)

PEIXOTO
Isto são modos!

VICENTE
Bom dia, Sr. doutor, e companhia.

Dr. Lima
Adeus!

Peixoto
Largue-me, senhor!

Vicente
Está seguro! Deixe-se de partes.

Peixoto
Com que direito me quer privar de sair?

Vicente
Já lhe digo. (*lê*) "Mandado de prisão passado a requerimento do Dr. Promotor!..."

Peixoto
Eu preso!... Por quê?

Vicente
Por causa de certas letras...

Peixoto
É falso!

Vicente
São falsas mesmo as tais letras...

Peixoto
Sr. Vicente...

Vicente
Romão, meu caro senhor, Romão... Tenha a bondade de seguir-me.

GOMES
Deus é justo! (*Elisa entra rapidamente na alcova*)

Cena XIII

Dr. Lima, Gomes e Jorge

JORGE
Viu-a, doutor?... Não a encontrei!... Procurei tudo!

Dr. Lima
Sossegue, Jorge! Deve ter saído... Ela nada sabe ainda! Seja prudente... Não lhe anuncie de repente!... O choque pode ser terrível!...

JORGE
Não me sei conter!... Quero abraçá-la!... Minha mãe!... Que prazer supremo que eu sinto em pronunciar este nome... Parece-me que aprendi-o há pouco!...

GOMES
Sr. Jorge.

JORGE
Ah! Desculpe... Esqueci-me que estava aqui... O que acabo de saber!...

GOMES
Penaliza-me bastante, creia.

JORGE
Como, Sr. Gomes?

GOMES
Sinto muito, porém. O senhor compreende a minha posição... As considerações sociais...

JORGE
Acabe, senhor!...

GOMES
Esse casamento não é mais possível!

JORGE
Ah!

DR. LIMA
Por que razão, Sr. Gomes?

JORGE
Porque não reneguei minha mãe!

GOMES
Sr. Jorge, eu o estimo... porém...

JORGE
Tem razão, Sr. Gomes!... O senhor me julga indigno de pertencer à sua família porque eu sou filho daquela que se vendeu para salvar essa mesma honra em nome da qual me repele!

GOMES
Que diz, senhor?...

ELISA
(*fora*)
Jorge!... Sua mãe!...

JORGE
Elisa!... Aonde?... (*entra na alcova*)

GOMES
Nas minhas circunstâncias que faria, Sr. doutor?

DR. LIMA
Não há considerações nem prejuízos, senhor, que me obrigem a cometer uma ingratidão.

Cena XIV

DR. LIMA, GOMES, JORGE e JOANA

JORGE
Doutor, acuda!... Depressa!...

DR. LIMA
O quê?

ELISA
Este vidro!...

GOMES
Envenenada!...

JOANA
Um ataque!...

JORGE
É o mesmo veneno que ela arrancou-lhe dos lábios... Sr. Gomes!

Dr. Lima
Que fizeste, Joana?

Joana
Nada, meu... Sr. doutor.

Jorge
Salve-a, meu amigo!...

Dr. Lima
Só Deus!... A ciência nada pode!

Jorge
Minha mãe!...

Joana
Não!... Eu não sou sua mãe, nhonhô... O que ele disse, Sr. doutor, não é verdade... Ele não sabe...

Dr. Lima
Joana!...

Joana
Não é verdade, não!... Pois já se viu isso?... Eu ser mãe de um moço como nhonhô!... Eu uma escrava!... Não vê, nhonhô, que ele se engana?

Jorge
Me perdoa, minha mãe, não te haver conhecido!

Joana
Sr. doutor quer dizer que eu fui ama de nhonhô!... Que nhonhô era meu... meu... de leite... só!... só de leite!...

JORGE
Chama-me teu filho!... Eu te suplico!...

JOANA
Mas não é... não!... Eu juro...

DR. LIMA
Joana!... Deus nos ouve!

JOANA
Por Deus mesmo... Ele sabe por que digo isto!... Por Deus mesmo... Juro... que... Ah!...

JORGE
Morta!...

ELISA
Minha boa Joana!...

JOANA
Escute, iaiá Elisa... É a última coisa que lhe peço... Iaiá há de fazer meu nhonhô muito feliz!... Me promete?... Queira a ele tanto bem, como Joana queria... Mas, nem iaiá nem ninguém pode... não!...

JORGE
Minha mãe!... Por que foges de teu filho, apenas ele te reconhece?

JOANA
Adeus, meu nhonhô... Lembre-se às vezes de Joana... Sim?... Ela vai rezar no céu por seu nhonhô... Mas antes eu queria pedir...

JORGE
O quê, mãe? Pede-me!...

JOANA
Nhonhô não se zanga?

JORGE
Eu sou teu filho!... Dize!... Uma vez ao menos... este nome.

JOANA
Ah!... Não!... Não posso!

JORGE
Fala! Fala!

JOANA
É um atrevimento!... Mas eu queria antes de morrer... beijar sua... sua testa, meu nhonhô!...

JORGE
Mãe!...

JOANA
Ah!... Joana morre feliz!

JORGE
Abandonando seu filho.

JOANA
Nhonhô!... Ele se enganou!... Eu não... Eu não sou tua mãe, não... meu filho! (*morre*)

JORGE
(*de joelhos*)
Minha mãe!...

ELISA
E minha, Jorge!...

GOMES
Ela abençoe tão santa união!...

DR. LIMA
E me perdoe o mal que lhe fiz!

O JESUÍTA

ADVERTÊNCIA [1ª EDIÇÃO – 1875]

Na primeira representação da *Hecira*, o público romano, distraído por um espetáculo de funâmbulos, não concorreu ao teatro.

Pondo novamente em cena a sua comédia, Terêncio referiu a circunstância em um prólogo e com esta severidade:

> *Ita populus studio stupidus in funambulo.*
> *Animum occuparat.*

O autor d'*O jesuíta* não tomará estas palavras por epígrafe; recorda-as porém como uma lição para aqueles que tacharam de inaudito o seu procedimento.

A esses talvez aplicasse Terêncio o epíteto que dirigiu ao povo-rei. O escritor brasileiro não se julga com tal direito.

Da mesma sorte que a comédia do ilustre poeta romano, *O jesuíta* não foi ouvido, nem julgado: *neque spectari, neque cognosci*. O público fluminense teve para distraí-lo, não um, porém diversos funâmbulos.

Dando à estampa o drama, julgou o autor indispensável acompanhá-lo dos artigos que suscitou-lhe o eclipse do público. Antes desses artigos porém transcreveu o juízo crítico de um jovem escritor de grande talento, o Sr. Luís Leitão, que desenvolveu cabalmente o pensamento d'*O jesuíta*.

Assim fica o leitor habilitado para sentenciar este pleito dramático; e julgar imparcialmente entre o autor, o público e os críticos.

O desígnio dos artigos escritos pelo autor, foi mostrar o atraso da nossa platéia e o abandono em que as classes mais ilustradas vão deixando o teatro, dominado exclusivamente pela chusma.

Não se propôs o autor exaltar sua obra e apresentá-la como digna de aplausos e ovações. Quando ele consentiu que *O jesuíta* fosse levado à cena, bem sabia que o entregava à indiferença pública.

Se o drama já de si era impróprio para nossa platéia habitual, a maneira por que foi representado, a precipitação em exibi-lo sem aprovação do autor que não viu um só ensaio; a má distribuição dos papéis; tudo isto justificaria um revés; mas não explica a deserção.

Esta só tem uma razão.

É que o público fluminense ainda não sabe ser público, e deixa que um grupo de ardélios usurpe-lhe o nome e os foros.

Se algum dia o historiador de nossa ainda nascente literatura, assinalando a decadência do teatro brasileiro, lembrar-se de atribuí-la aos autores dramáticos, este livro protestará contra a acusação.

A representação d'*O jesuíta* é a nossa plena justificação. Ela veio provar que o afastamento dos autores dramáticos não é um egoísmo, mas um banimento.

O charlatanismo expulsou a arte do templo.

O TEATRO BRASILEIRO

A PROPÓSITO D'*O JESUÍTA*

I

MEU ILUSTRADO COLEGA:
Venho pedir-lhe espaço, em alguma das mais modestas colunas de seu interessante jornal, para uma questão literária.

Corresponder às manifestações da imprensa diária acerca d'*O jesuíta* é para o autor, não somente uma cortesia, mas um dever de honra.

Se à crítica, e portanto à imprensa que a representa, corre a obrigação de ocupar-se das novas produções do espírito; tem ela por sua vez direito à consideração do autor e à defesa da obra censurada.

Nenhum escritor consciencioso se recusará jamais a dar razão de si e satisfação de seus intuitos literários, a uma imprensa leal, ainda quando ela se ressinta de preocupações por demais severas.

Não é, porém, esse dever de autor o único motivo que me suscita o espírito para idéias de que andava ele muito arredio.

A representação d'*O jesuíta* entre apreciações mui sensatas e verdadeiras acerca do estado do nosso teatro, foi ocasião de se exibirem teorias dramáticas, inteiramente avessas aos princípios da arte moderna.

Eis o perigo, e a causa do mal. Uma obra que não sobrevive, é nada, ou muito pouco no catálogo de uma nação jovem e rica de talentos. Mas uma literatura que se eiva e corrompe, pode trazer a decadência moral ao país, e arriscar o futuro, se a pequena falange dos crentes não opuser barreira à invasão do materialismo, que nos vai assoberbando.

Li acerca do drama os folhetins d'*O Globo*, d'*A Reforma*, da *Gazeta de Notícias*, a "Revista Teatral" da primeira dessas folhas, a "Gazetilha" do *Jornal do Comércio* e alguns artigos particulares. Se mais houve, ignoro.

É a crítica benévola ou desafeta, resultado de todas essas opiniões, que me proponho a discutir sem nenhum ressaibo de amor próprio. Se *O jesuíta* não me trouxe a satisfação de certos entusiasmos que nunca solicitei, nem pretendo requestar jamais nas letras, como na política, por outro lado a flor da imprensa ilustrada recebeu-o com honras a que não estou habituado.

Houve quem me levasse a mal ter dado ao lume da cena um drama escrito em 1861, respeitando a sua forma primitiva e não o corrigindo severamente para que não destoasse da experiência do autor, e de sua reputação.

Este zelador de alheios créditos literários devia começar por inquirir se o público atual dos teatros merece ao autor as atenções e deferências do público de há vinte anos, que aplaudiu *O demônio familiar*; e se o escritor de agora desgostoso e esquecido vale em estudo da cena, em entusiasmo e inspiração, o autor daqueles outros tempos, já tão remotos, menos pelo lapso, do que pelo desdém.

À primeira questão lhe responderia a indiferença desse público híbrido, que desertou da representação de um drama nacional, inspirado no sentimento patriótico, para afluir aos espetáculos estrangeiros.

Não havia ali o sainete do escândalo; não insultava-se a religião; não abundavam os equívocos indecentes; não se incensava essa puerilidade de homens barbados, chamada maçonaria.

O público teve notícia disso; e não quis ver *O jesuíta*. Dou-lhe toda a razão; nunca ele foi tão lógico e discreto.

Uma obra escrita por um brasileiro, que não é maçom, nem carola; um drama cujo pensamento foi a glorificação da inteligência e a encarnação das primeiras aspirações da independência desta pátria repudiada; semelhante produção era em verdade um escárnio atirado à face da platéia fluminense.

Ela não podia proceder com maior sobranceria. Não se dignou, nem mesmo dar à peça as honras de comparecer em sua augusta presença para ser pateada; voltou-lhe as costas com frio desdém.

Se o autor em vez de situar a sua cena no Rio de Janeiro, a colocasse em Lisboa; se o Dr. Samuel, ideal do precursor brasileiro, que em 1759, quando a independência do Brasil era um impossível, sonhava a realização dessa quimera, ao contrário representasse no drama um restaurador português, concebendo o plano ousado de arrancar sua pátria ao jugo tirânico do poderoso Filipe II, é provável que os estímulos patrióticos da colônia lusitana levassem ao teatro uma pressurosa multidão disposta a aplaudir, ou pelo menos a animar o tentâmen do escritor.

Mas os brasileiros da corte não se comovem com essas futilidades patrióticas; são positivos e sobretudo cosmopolitas, gostam do estrangeiro; do francês, do italiano, do espanhol, do árabe, de tudo, menos do que é nacional. Isso apenas serve para eleição.

No meio da chusma que se diverte e enche os espetáculos, há uma creme; valerá ela mais do que o coalho? A sociedade fina é uma seleção; mas uma seleção de Darwin, e muito próxima do tipo primitivo, está ainda muito símia. Na alta-roda vive-se à moda de Paris; e como em Paris não se representam dramas nem comédias brasileiras, eles, *ces messieurs,* não sabem que significa teatro nacional.

Isto não é uma carapuça; nem mesmo o barrete de algodão cantado por Beranger, é a forma da cabeça de todos nós.

Tem por tal modo expelido à pátria deste solo americano, que vem à idéia de ir procurá-la além-mar; talvez de longe o coração brasileiro se expanda contemplando o grande vulto do império americano, desassombrado dos pigmeus, que a distância não deixa lobrigar.

Apesar do naufrágio ou antes do banimento da peça, o autor deve estar satisfeito. A sala erma de saias, de calças, de pernas que dançavam por aí algures, ou de estômagos que se afiavam para a ceia, foi segundo consta povoada pelas letras brasileiras, representadas em um pequeno grupo de poetas e escritores.

A segunda questão, creio que só a podia resolver o próprio escritor. Não tendo composto nos últimos dez anos nenhuma obra dramática, não tem a crítica termo de comparação para aferir da capacidade atual do autor d'*O jesuíta*, nesse ramo de literatura.

Fala-se muito da reputação literária do autor d'*O guarani* e outras obras; todos os jornalistas que se ocuparam d'*O jesuíta*, referiram-se a essa coisa; uns para justificar a sua severidade, outros para estranhar que o anúncio da representação de um drama desse escritor não chamasse ao teatro grande concorrência.

Uma reflexão logo acode ao espírito. Tal reputação não existe ou é bem frágil; pois ainda ajudada da curiosidade não produziu o seu mais natural efeito, de atrair o público à exibição de uma obra desde muito reclamada pela imprensa.

Confesso que para mim semelhante reputação literária é um mito, como todas as reputações que eu tenho conhecido neste país; de qualquer gênero que sejam.

Não consistem, no fundo, afastado o aparato, senão em uma popularidade artificial.

Cada talento que se manifesta e progride acaba por adquirir no país um número maior ou menor de prosélitos e devotos, que o apreciam e exaltam. Como, porém, a instrução ainda não está bem difundida pela população; esse partido ou seita de apologistas, que não passa de uma fração mínima do povo, acha-se disseminado pela vasta superfície do império.

Quando o indivíduo sabe requestar semelhantes adesões; quando tem amigos hábeis que as congregam e estimulam; consegue-se com o exemplo delas galvanizar os indiferentes, arrastar a chusma um instante, e preparar uma ovação, um triunfo, uma enchente do teatro, a oferta de um banquete, e até mesmo uma coroação.

Aqueles, porém, que não têm arte para insinuar nos outros esse entusiasmo de si; nem gosto para figurar em tais apoteoses; esses chegam ao termo de uma vida árdua e laboriosa, não tendo colhido em seu caminho eriçado de abrolhos outra flor além de uns elogios banais, que soam como guizos; nem outro conforto senão um aperto de mão amiga.

E disso, de umas palavras ocas, de uns adjetivos cediços, de uns cumprimentos postiços e já feitos como roupa de algibebe; dessa poeira luminosa como a cauda dos cometas; forma-se o que se chama entre nós uma bonita reputação. Eis como um autor pode ser dos mais lidos no Brasil; e todavia não encontrar reunido em uma cidade, ainda mesmo na corte com suas trezentas mil cabeças, um grupo de leitores suficiente para formar-lhe público, ao menos decente.

Esse fato devia produzir-se especialmente em relação a mim. Desde muito reconheci que o meu público é mais brasileiro, e até mais estrangeiro do que carioca. Nas províncias, o sentimento nacional não está diluído no turbilhão: aprecia-se mais o que é nosso. Tenho disso prova cabal.

Há quatro anos experimentei uma dessas íntimas satisfações que valem mais do que o fútil rumor de estrondosas manifestações. A Biblioteca de Goiás, fundada por distintos cidadãos daquela capital, julgou-se obrigada para justificar seu título, a possuir as obras completas do Dr. J. M. de Macedo e de J. de Alencar: nesse intuito enviou ao Sr. Garnier, a lista daquelas obras que já havia adquirido dos dois escritores, ordenando a compra das que faltassem.

Nisto procedia a Biblioteca de Goiás ao avesso de outras; ela entendia e muito bem a meu ver, que o fim generoso dessas úteis instituições não seria realizado em sua plenitude, se tratando de difundir a instrução, não começasse por animar os primeiros operários da seara civilizadora.

Lembro-me que na lista enviada de Goiás, figuravam a última obra de meu colega, e os primeiros volumes do *Til*, que ainda se estava publicando nesta corte e já era lido na mais interior de nossas províncias, a qual assim protestava nobremente pelo seu amor às letras contra o isolamento a que a condenam sua posição geográfica e nosso atraso.

Não tiveram razão portanto os distintos jornalistas quando surpreenderam-me com a indiferença do público em relação a *O jesuíta*; e notaram que o nome do autor fosse um apelo vão à curiosidade.

Os leitores d'*O guarani*, d'*As minas de prata*, d'*O gaúcho* e outros livros não se encontram, salvo poucas exceções, nos corredores e platéias do teatro.

Acredito mesmo que muita gente fina que viu a ópera e drama d'*O guarani*, ignora absolutamente a existência do romance, e está na profunda crença de que isso é alguma história africana plagiada para o nosso teatro.

Estas causas por mim assinaladas bastavam para explicar a deserção do público em qualquer circunstância, no teatro, como em outro lugar, para um drama como para um discurso.

Não se rufaram os tambores; não se atacaram os foguetes; como esperar que se fizesse a cauda?

Em relação a *O jesuíta*, porém, houve mais alguma coisa; se não me engano, andou aí uma cabala.

A intolerância e o fanatismo maçônico não podiam levar a bem que se pusesse em cena um frade, com intuitos generosos, e credor de alguma admiração nas mesmas explosões de seu terrível fanatismo.

Por outro lado a intolerância e o fanatismo ultramontano incomodaram-se com a idéia de ver desenhado um vulto de *O jesuíta* ao molde de Malagrida, embora encaminhando a uma idéia generosa e patriótica os recursos da política veneziana, ensinada no limiar da idade moderna por Maquiavel, o grande mestre dos papas e dos reis. O que restava?

O pequeno grupo daqueles que não carecem do *hissope* para serem católicos, nem do *avental* para servirem a causa da liberdade e da civilização.

II

Algum dia, no prólogo de qualquer livro, contarei como fui autor dramático.

Há muito curioso que aprecia esses pormenores bibliográficos, talvez a parte mais interessante da vida dos escritores. Reservo-lhes o regalo para mais tarde; agora não vem ao caso a anedota.

Já tinham passado as veleidades teatrais que produziram *Verso e reverso, O demônio familiar, O crédito, As asas de um anjo, Mãe, Expiação*; e já me havia de sobra convencido que a platéia fluminense estava em anacronismo de um século com as idéias do escritor; quando João Caetano mostrou-me desejos de representar um drama brasileiro, para solenizar a grande festa nacional no dia 7 de setembro de 1861.

A empresa do Teatro de S. Pedro de Alcântara recebia subvenção do Estado, como auxílio ao desenvolvimento da arte dramática; e era obrigada por um contrato a montar peças brasileiras de preferência a estrangeiras, determinadamente nos dias de gala. Dessa obrigação eximia-se ela com a razão da falta de obras originais dignas da cena.

É certo que não apareciam os dramas originais; mas por culpa do governo. Mais por diante, quando ocupar-me do mísero estado de nosso teatro, direi o modo, aliás muito simples, de termos excelentes autores dramáticos. Está entendido que não falo de mim; é possível que ainda escreva alguma obra desse gênero; mas para os teatros das províncias; ou para o teatro de papel onde ainda hoje vemos as tragédias antigas e os dramas românticos; para o teatro da roça, desta roça cortesã, é que decerto não escreveria nem a comédia de Aristófanes: seria grego.

A honra de fornecer ao grande ator brasileiro a estrutura para uma de suas admiráveis criações, excitou-me a arrostar temerariamente a árdua empresa. Creio bem que nunca cederia a essa tentação literária, se outros se houvessem antecipado.

A primeira dificuldade era o assunto. Destinado a solenizar a grande festa patriótica do Brasil, devia o drama inspirar-se nos entusiasmos do povo pela glória de sua terra natal. Na impossibilidade de comemorar o próprio fato da independência, que por sua data recente, escapa à musa épica, era preciso escolher em nossa história colonial algum episódio que se prestasse ao intuito.

Qual seria esse episódio?

A abnegação de Bartolomeu Bueno da Ribeira, além de já aproveitada por um distinto escritor paulista, não contém os elementos de uma ação dramática. A recusa do título de rei oferecido por uma sedição, não chega para encher a cena no correr de três ou quatro atos; seria preciso criar um poema de imaginação e adaptar-lhe aquele desenlace. Para mim essa escola que falseia a história, que adultera a verdade dos fatos, e faz dos homens do passado manequins de fantasia, deve ser banida.

O domínio da arte na história é a penumbra em que esta deixou os acontecimentos, e da qual a imaginação surge por uma admirável intuição, por uma como exumação do pretérito, a imagem da sociedade extinta. Só aí é que a arte pode criar; e que o poeta tem direito de inventar; mas o fato autêntico, não se altera sem mentir à história.

Por último confessarei que naquela ocasião essa coroa paulista, inventada por uns aventureiros espanhóis da família de Bueno, e destinada a reger uma colônia despovoada, sem exército, sem armada, sem instituições; pareceu-me jóia pouco invejável para um homem de algum senso e prudência. A fidelidade pois, de nosso Mazaniello não tem o cunho de grandeza, que lhe empresta a vaga tradição; seria até desazado arrancá-la desse molde proverbial com que vive na memória pública. Voltei-me para a guerra holandesa. Nessa luta heróica esperava encontrar um tema apropriado não somente ao aniversário de nossa independência, como às condições de uma cena viva e animada.

Logo, porém, achei-me tolhido na inspiração. O herói aceito e oficialmente consagrado da restauração de Pernambuco é João Fernandes Vieira, ao qual em nome da pátria nascente, em honra dos primeiros assomos de nossa nacionalidade, devemos destituir dessa glória exclusiva, para a repartir pelos heróis brasileiros e pelo povo pernambucano.

Vieira foi um filho querido da fortuna. Seu destino o encaminhou a Pernambuco. No domínio holandês, quando a melhor nobreza e povo da capitania, abandonando suas casas e engenhos, reduzidos à miséria emigravam para subtraírem-se ao jugo estrangeiro, ele enriquecia no Recife associado a um inimigo de sua pátria e de sua religião.

Declinando o domínio da Holanda, as sublevações do patriotismo se fizeram sentir no próprio seio da conquista flamenga. Vieira teve o tino de conhecer donde soprava o bom vento. Era rico e poderoso; era também português do reino; os conjurados sentiram a vantagem de atraí-lo à causa da revolta, e elegê-lo seu cabo de guerra.

Um dos atos de heroísmo, que a lisonja histórica memora, é o da queima dos canaviais. Cumpre porém não esquecer que esses canaviais eram apenas insignificante parte da riqueza que o Castrioto Lusitano havia adquirido à custa da ruína dos pernambucanos, e que ele tivera o cuidado de resguardar.

Compare-se essa abnegação de um incêndio, que era inevitável, com a dos ricos senhores de engenho de Pernambuco expatriando-se como vagabundos e mendigos, para não curvarem a altiva fronte ao jugo estrangeiro e não serem testemunhas do desacato aos templos católicos profanados pelos hereges.

Veio afinal o decreto, que era então no governo absoluto, o que ainda é hoje no regímen constitucional, a única sanção pública e solene dos fatos; o mago que muitas vezes faz da mentira verdade. João Fernandes Vieira foi cumulado de honras e mercês e aclamado restaurador de Pernambuco.

Restava a tradição que devia mais tarde reagir contra essa injustiça. Mas Vieira logrou aliciar a crônica. Dois frades, Fr. Manuel Calado, e Fr. Rafael de Jesus, lhe arranjaram uma posteridade convencional, que abafou ao menos para o vulgo a verdade histórica.

O drama da restauração de Pernambuco devia, para ser nosso, para ser nacional, vingar por uma reparação póstuma a glória do heroísmo brasileiro. A par de João Fernandes Vieira, que obedecia às ordens da corte portuguesa e servia sobretudo à sua ambição e vaidade, era indispensável que figurasse André Vidal de Negreiros, o ilustre paraibano, movido somente pelo patriotismo e pela fé, sublime de abnegação, sujeitando-se a quem lhe era inferior para não sacrificar a grande causa; e representando as energias desse povo generoso, que esquecia a opressão colonial para só lembrar-se da honra.

A platéia do Teatro de S. Pedro, então como hoje, não suportaria semelhante reivindicação histórica. Dou-lhe toda a razão; é portuguesa na máxima parte; e tanto deve comprazer-se na comemoração de suas glórias nacionais, como aborrecer-se dos confrontos desfavoráveis.

É porém triste e deplorável que nesta cidade de trezentas mil almas, capital do império brasileiro, haja um público entusiasta para aplaudir as glórias alheias; e não apareça nem a sombra dele quando se trata de nossa história, de nossas tradições, de nossos costumes, do que é a nossa alma de povo.

Chego a crer que se algum bombástico escritor português se lembrasse de aproveitar o Pinto Madeira ou o Fidié para cantar em prosa e verso uma louca tentativa de restauração de D. Pedro I com o pensamento de restituir a Portugal suas possessões de além-mar, esse dramalhão ou coisa que o valha obteria um triunfo esplêndido no Rio de Janeiro.

Seria longo dar conta da excursão que fiz pela história pátria à busca de um assunto; basta dizer que não achei então um fato que me inspirasse o drama nacional, como eu o cogitava. Resolvi portanto criá-lo de imaginação, filiando-o à história e à tradição, mas de modo que não as deturpasse.

Tracei então *O jesuíta*, cujo plano vou expor, defendendo-o das censuras que sofreu, quer em relação ao pensamento, quer acerca da execução.

Li nas colunas de uma folha muito ilustrada que havia na obra desígnios recônditos, talvez alegorias, que muito conviriam ser explicadas em um prólogo à maneira do que Victor Hugo escreveu para o *Ruy-Blas*.

Sabe-se que nesse drama o poeta dos monstros literários meteu em cena uma enormidade social; o amor de uma rainha por um lacaio. Sentindo a repulsão, não somente da dignidade como do bom gosto, lembrou-se de simbolizar naquele amor degenerado o consórcio do povo com a realeza. Com ironia notou Gustave Planche que essa explicação tinha um mérito, qual o de prestar ao drama um sentido.

Embora não tivesse bem viva a memória da peça, guardada desde muitos anos, lembrava-me ser tão claro o seu intuito, que sem detida leitura e unicamente pela exibição em cena, o público e muito mais a imprensa compreenderiam a idéia e a ação.

E não me enganei. Os elegantes folhetinistas d'*A Reforma* e d'*O Globo* descreveram o caráter do Dr. Samuel, de maneira que o próprio autor não o faria melhor. Ambos atingiram sem esforço que o protagonista não era um personagem histórico, mas a personificação de um povo e de uma raça, que surgia no solo americano.

Se eu pudesse capacitar-me da necessidade de prólogos à maneira do antigo teatro enviaria à rampa um vestido de momo, e lhe daria uma fala por este dizer:

> Eu sou o prólogo deste drama. É provável que muita gente viesse aqui iludida pela espécie e pelo título. Por isso vou fazer algumas advertências. Isto não é polêmica de jornal e nem sermão de igreja. Não se trata aqui de maçom, nem de ultramontano. Não se toca marimba, nem se fala algaravia. Não há zabumbas nem gaitas. A cena não corre a galope; vai ao impulso da paixão que a modera ou anima. O autor que tem dois sestros, o entusiasmo da inteligência e o culto da pátria, enxertou estas esquisitices na peça. Portanto, quem não gostar desta insipidez, acertará retirando-se.

Ao concluir esta segunda carta, agradeço-lhe, meu ilustrado colega, a honrosa distinção que deu à primeira. Sua folha, porém, é que não me deve nada absolutamente, nem essa preferência a que alude.

Se entre vários jornais eu escolhesse o seu, que tamanha parte tomou na questão dramática por mim discutida, não faria senão render homenagem ao seu empenho pelo desenvolvimento do país. Mas não havia escolha a fazer; pois, onde encontraria eu mesmo gracioso acolhimento?

III

Se a corda do entusiasmo patriótico vibrasse no seio das nossas platéias, bastariam para encher um drama e animá-lo os anelos do brasileiro pela independência de sua terra natal, um século antes da consumação desse acontecimento.

O herói, colocado entre o amor e o civismo, reproduziria a luta de dois sentimentos igualmente poderosos; e renovaria a situação muito dramática do antagonismo do homem com o cidadão no mesmo indivíduo.

O público porém não se pagaria desta ação já muito vista; e por outro lado o gênio de João Caetano, não cabia em um desses papéis escritos para serem recitados como peça oratória. Nesse dia em que se comemora a grande festa nacional, era um dever para ele, solenizando os fastos brasileiros, associar à glória da liberdade essa outra glória da arte, igualmente esplêndida.

O papel do grande ator tinha de ser apenas o esboço da estátua, que ele, o sublime escultor das paixões, moldaria em cena, ao fogo da inspiração. Cumpria que nele, e exclusivamente nele, nos recessos de sua alma, se agitasse o drama veemente de que a cena não apresentaria senão a repercussão.

Vejamos se o Dr. Samuel respondia a esta aspiração.

Educado pela Companhia, que o recolheu órfão e enjeitado; filiado ao Instituto, onde conseguira alcançar um grau elevado que deu-lhe a direção suprema da província do Brasil, o Dr. Samuel era um político da escola veneziana, que Maquiavel popularizou, e que dele recebeu o nome de florentina.

Dessa escola também foram Richelieu, Mazarin, Pombal, todos os estadistas do absolutismo; e infelizmente para os povos ainda são os ministros constitucionais, que a todo o instante invocam o pretexto da necessidade pública e do bem geral para calcar a lei, a justiça, a moral. Outrora derramava-se mais sangue; nos tempos modernos corre mais o dinheiro; no fundo a tática é a mesma.

Concebendo o plano ousado de preparar a revolução da independência que devia consumar-se em um dia ainda remoto, o Dr. Samuel, que não afagaria semelhante idéia se não fosse jesuíta, devia aplicar à grande obra os recursos da política do Instituto, e constituir-se o inflexível instrumento de uma idéia.

Mas esse homem não é fanático, nem perverso. Não é Ravaillac, nem Torquemada. A alucinação não o cega; o sangue não o deleita. Como o general que defende uma causa, ele não hesitará, se for preciso, em arrasar uma praça, dizimar o inimigo e aniquilar o obstáculo.

Mas terá consciência de seu ato. Sua razão lhe advertirá que perpetra um crime, e seu coração nobre e generoso padecerá com a implacável necessidade. Sacrificar-se-á ele primeiro. Apelará da lei para o destino; dos homens para Deus; e seguirá sua marcha providencial, como os grandes criminosos da história, que se chamam heróis e conquistadores.

Nesta religião de uma idéia, ante a qual se curvam uma razão vigorosa e um coração pujante; nesta sublime idolatria da pátria, apenas sonhada, e ante a qual já emudecem todas as virtudes, como todas as paixões; não há um drama belo, enérgico e majestoso?

As maiores forças do homem; a sua consciência, o seu coração, e a sua inteligência, em antítese. E notai que a consciência era a do ministro da religião, o coração, o de um pai, e a inteligência, a de um gênio. Três almas em um só corpo; e que almas? Cada uma delas um arcanjo revoltado, que o Onipotente encadeara nessa frágil argila.

Esse vulto sombrio, velado em seu mistério, mas tocado a espaços pelo fulgor do pensamento, como o oceano pelo fogo do céu, não é um homem; é quase a humanidade. Na cena ele deve ser simultaneamente o padre, apóstolo da igreja; o sábio, apóstolo da idéia; e o patriota, apóstolo da liberdade.

Mas sucedem-se tão rapidamente as revoluções desse grande espírito, reclamado pelos acontecimentos, que não podereis dizer contemplando-o o que é ele, ou por qual face apresenta-se a sua poderosa individualidade. Só quando o exalta a esperança de realizar o magno pensamento, é que se destaca e ilumina a sua majestosa estatura, e mostra o precursor do Brasil, o gênio capaz de suscitar da barbárie este império americano, e dar no Novo Mundo uma pátria à liberdade foragida.

O que mais realça, o que agiganta o vulto de Samuel é precisamente o centro obscuro em que ele surge, e a ausência desses meios de força material, necessária para levar a cabo uma empresa política daquela ordem, especialmente em 1759 quando no Brasil a imprensa era desconhecida e a liberdade mal balbuciava.

Um exército como o que puseram em campo os jesuítas das missões, uma revolta como a dessa teocracia das margens do Paraguai; não passou de mesquinhos arremessos, dos quais zombou o poder das duas coroas aliadas, a portuguesa e a espanhola.

O Dr. Samuel não é um conspirador; não trama sedições. É um revolucionário; obreiro infatigável do futuro ele prepara os elementos da grande concepção.

Sua terra natal, esta terra que ele admira e estremece, ainda está deserta. É necessário criar-lhe um povo, sem o qual nunca ela poderá ser livre e respeitada. Nesse desígnio, sobranceiro aos preconceitos de seu tempo, concebe o audaz projeto de chamar as raças perseguidas da velha Europa, e oferecer-lhes uma pátria onde se regenerem. Por outro lado, conta com a catequese para atrair os selvagens, e dar-lhes em vez da vida nômade a liberdade e a civilização.

Esse homem, esse inventor de um povo americano, tem setenta e cinco anos. Há cinqüenta que trabalha incessantemente na sua obra: mas desde muito reconheceu que sua vida não bastava ainda quando Deus a prolongasse além do termo ordinário. Carece de um sucessor; de outro homem, ainda moço e robusto, a quem ele transmita o seu segredo, o seu poder e sobretudo a sua fé, o entusiasmo dessa pátria por ele evocada das profundezas de seu espírito.

A Providência lhe enviará esse continuador, em um menino enjeitado que educara, e a quem amava como pai. Acima porém do amor estava o violento egoísmo do pensador a reviver-se nessa alma jovem, a absorvê-la em si para melhor infundir-se nela; e assim formarem uma só idéia na qual ele contava atravessar os séculos.

Eis como delineei a figura de Samuel. Percorrendo rapidamente as cenas, pretendo mostrar como a realizei: e então se verá se é frouxa a ação que me propus escrever.

O tipo por mim esboçado está bem longe da cópia do Rodin de Eugênio Sue, ou do Padre Ventura, de Rabelo da Silva; não tem com eles nenhuma semelhança, além da que resulta de serem todos jesuítas.

Rodin é repulsivo, o Padre Ventura insinuante; o primeiro, rábula de sacristia, presta-se a todas as baixezas e indignidades para chegar a seus fins; o segundo, diplomata italiano, ausente da casa geral da Ordem em Roma, gasta seu tempo em banquetes e frioleiras.

Samuel é severo; se às vezes quando fala ao filho sua palavra rígida comove-se, nunca despe a gravidade própria do homem, cuja existência é uma incessante meditação. Nas suas menores ações revela-se a preocupação desse grande espírito, que só vive para uma idéia.

Os traços do jesuíta e suas práticas, especialmente as sutilezas e reservas, não pertencem a nenhum autor, mas à história da Ordem, que imitou o seu instituto secreto da velha maçonaria e dos francos-juízes da Alemanha.

É balda entre nós desmerecer das poucas produções nacionais tachando-as de transunto do estrangeiro. Parece que aflige a certos espíritos éticos a originalidade de um autor brasileiro e andam a esmerilhar plágios. Se já houve quem dissesse que *O guarani* era inspirado pelos romances de Cooper, com o qual se parece tanto como um cearense com um ianque!...

Se eu quisesse um modelo para o Dr. Samuel, tinha-o na figura histórica de Gabriel Malagrida, esse iluminado jesuíta, que forneceu ao marquês de Pombal o pretexto para a expulsão da Ordem. Não era preciso recorrer a cópias infiéis, quando tinha o original.

Abre-se a cena do drama no campo que então ficava entre o convento da Ajuda, ainda não acabado, e o morro de S. Sebastião, onde havia umas casas da Ordem, com as quais reza a tradição, que o colégio se comunicava por uma passagem secreta.

Pelas primeiras cenas sabe-se que o Dr. Samuel é um médico italiano respeitado pelo saber, estimado pela caridade; amparo da pobreza. O governador, porém, suspeita dele, e dispõe-se a prendê-lo.

Aparece o velho e vem surpreender as juras trocadas entre Estêvão e Constança. Imagine-se a dor desse homem vendo escapar-lhe o filho que ele educara para seu continuador, a alma que ele criara da sua. O amor dessa menina subtraía-lhe esse outro eu, sem o qual não passaria do aleijão de uma grande idéia.

Este prólogo do drama deve pintar-se na fisionomia do velho quando ele profere as primeiras palavras.

– "Tua vida, meu filho, já não te pertence."

Na cena entre os três, o velho, que fala a Constança com bondade, arranca-lhe toda a esperança declarando-lhe que Estêvão é frade. O mancebo revolta-se e o desmente.

No fim da cena, quando a menina resignada afasta-se, Samuel diz: "Meu Deus! Se o que acabo de fazer é uma desgraça perdoai-me; se é um crime puni-me!" Aqui nesta frase está todo o caráter que o drama vai desenvolver.

Segue-se a cena em que Samuel revela a Estêvão como o filiou à Companhia; e a grande missão que lhe destina, sem contudo precisar o objeto. O mancebo indignado ameaça abandoná-lo; e o velho depois de rude combate cede.

Ficando só, o pensamento volta à idéia tenaz, e ele profere as palavras seguintes que fecham o ato. Insiro as rubricas, desnecessárias para João Caetano.

SAMUEL *(absorto e como quem interroga os arcanos d'alma)* – Brasil, minha pátria!... Quantos anos ainda serão precisos para inscrever teu nome hoje obscuro no mapa das grandes nações?... Quanto tempo ainda serás uma colônia entregue à cobiça de aventureiros e destinada a alimentar o fausto e a pompa de tronos vacilantes?... *(Pausa de desalento; ressurge arrebatado pela inspiração)* Antigas e decrépitas monarquias da velha Europa! Um dia compreendereis, que Deus quando semeou com profusão nas entranhas desta terra o ouro e o diamante, foi porque destinou este solo para ser calcado por um povo livre e inteligente!

Não houve, é preciso repeti-lo, nesta corte, um público para sequer ouvir as palavras do escritor nacional. Isto quando a representação de um drama brasileiro é acontecimento que só de anos em anos se reproduz; e quando a comemoração de nossa história no teatro tem ares de fenômeno.

Para solenizar a restauração de 1640 escreveu Garrett o drama, ou como ele a qualificou, a comédia histórica, *Filipa de Vilhena*, com uma ação tão simples que os nossos críticos não lhe chamariam de *frouxa* e sim de nula; com uns caracteres apenas esboçados. Mas falava-se de reminiscências portuguesas, havia o sabor nativo; e tanto bastou para tornar o livro popular.

Portugal porém, era o velho a remoçar. Nós somos o moço que se avelhenta.

IV

Se eu tivesse lido a apreciação d'*O jesuíta* que fez no último número do *Brasil Americano* um dos mais belos talentos da nova geração, abster-me-ia da tarefa que empreendi nestes artigos de esboçar o drama.

Desisto, pois, do meu intento. Aqueles que desejam conhecer o trabalho repelido do teatro pelo público fluminense, devem ler aquele estudo, em que se revela o pleno conhecimento da estética dramática. Feito o desconto das expansões de entusiasmo que ao jovem escritor inspira o nome do autor, aí se acha exposto com a maior lucidez o pensamento da concepção, e esculpidos os principais caracteres d'*O jesuíta*.

Limitar-me-ei pois a desvanecer algumas censuras que vieram ao lume da imprensa ilustrada.

Quem assistiu à representação do drama, ou conhece o seu entrecho, pode aquilatar da inexatidão com que se afirmou ser o amor de Estêvão e Constança um enxerto completamente estranho à ação principal e com ele mal travado. Sem esse afeto tornava-se impossível o drama. Basta recordar que o ponto culminante da ação, a crise, resulta desse amor; a indignação que Samuel inspirou a Constança de sacrificar honra e castidade, é que subverte a alma sobre-humana do jesuíta, e o abate aos pés do altar.

A grande cena em que o semideus volta a ser homem, e confessa-se impotente, não existiria desde que se mutilasse a ação tirando-se o seu mais importante nexo.

Do mesmo quilate é a inculcada inutilidade de alguns personagens.

Os iniciados na arte dramática sabem que há dois métodos de exposição cênica, entre os quais não se pode estabelecer anteriormente a preferência, pois esta depende geralmente da natureza do assunto. Um método é o da concentração; resume-se a ação nos personagens estritamente necessários; essa simplicidade clássica lembra a escola grega, onde aliás o coro dispensava as figuras intermédias. O outro método, o shakespeariano, longe de isolar a ação, ao contrário a prende ao movimento geral da sociedade pelo estudo dos caracteres; nas composições deste gênero há personagens alheias ao drama, e que representam a época, o país, o centro enfim, do fato posto em cena.

Essas figuras fazem o efeito dos baixos-relevos no soco das estátuas; as cenas em que entram, semelhantes aos escuros da pintura servem para realçar o drama. São pontos de repouso que preparam o espectador para as comoções.

Ora *O jesuíta* saiu tão felizmente urdido no seu contexto que as mesmas figuras secundárias são indispensáveis; cada uma tem em si um fio da ação. Sem D. Juan de Alcalá a notícia da expulsão da Companhia, o fato capital não chegaria ao Rio de Janeiro; e sem José Basílio, que retém o espanhol, essa notícia em vez de ficar com o Dr. Samuel, iria ter ao conde de Bobadela. Daniel, o cigano, além de representar um dos elementos da obra revolucionária do precursor é quem rapta Constança e a leva ao convento. Garcia, o paraguaio, símbolo da raça indígena, outro elemento da revolução, é a mão implacável de Samuel que ameaça a vida da inocente donzela, e suspende a catástrofe. Fr. Pedro, o reitor, explica a influência do médico italiano sobre o Colégio dos Padres; é por ele que o segredo do espanhol se transmite ao protagonista.

Resta Inês, a criada de Samuel, que se não é essencial à ação dramática, não podia ser dispensada pela verdade artística. Colocada a cena na habitação do médico italiano, como prescindir de uma caseira ou criado, para receber na ausência do amo as pessoas que o buscavam? Pretenderão fazer-nos voltar à simplicidade da cena de praça pública, ainda usada por Molière?

Outra pieguice da crítica é o horror das cenas a dois. Percorrendo-se os modelos da arte, nota-se que os maiores movimentos dramáticos da escola clássica e da romântica se produzem nos diálogos e até nos monólogos. Há exceções, porém raras; ainda quando a cena enche-se, o drama se resume nos protagonistas. Uma das admiráveis criações da musa grega, o Prometeu, não é no juízo competente de G. Planche mais do que um *majestoso monólogo*; e entretanto o ilustrado crítico não hesita em afirmar que o pensamento dominante da obra satisfaz as supremas condições da poesia dramática.

Minha regra foi e será esta: sempre que possa, e que a ação o permita, deve o autor, respeitando a verossimilhança, quebrar a monotonia do diálogo, com uma cena mais viva e mais cheia; isso concorrerá muito para esse contraste de sentimentos e impressões, que abala o espectador, e aumenta a comoção dos lances.

Consistir nisso, porém, o drama, e sacrificá-lo aos efeitos de aparato, é o que jamais fará um autor consciencioso, que zela sua reputação, uma fantasmagoria, ou uma destas festas venezianas de fogos de artifício e surpresas deslumbrantes. Aí os principais espectadores são o espírito e o coração: e não os olhos e os ouvidos.

É sobretudo esta falsa escola que gradua o drama pelo rumor, pelo painel, pelos efeitos de ótica, que a imprensa ilustrada deve porfiar em combater, para educar o público.

Não se lê muito entre nós; mas a opinião do jornalismo é acatada.

Uma propaganda neste sentido produziria efeitos benéficos. Longe disso, os primeiros órgãos da publicidade sempre benévolos para as peças de espalhafato, guardam sua rebarbativa severidade para as obras literárias.

Não é exato, porém, que *O jesuíta* corra somente, nem geralmente em diálogos.

Há muitas cenas de três e quatro personagens; há cenas duplas; e não faltam para encher o palco cenas, como os finais do 2º, 3º e 4º atos, que se representam no meio do aparato de soldados e frades. A última cena especialmente, concertada como exige a peça, deve ser de grande efeito. A religião em toda sua pompa e solenidade afrontando o poder das armas.

Perguntou-se em que o casamento de Estêvão serviria de obstáculo aos desígnios de Samuel. O simples amor do mancebo era para o jesuíta a alienação desse espírito que ele filiara ao seu e que seria dominado por uma mulher. O casamento importava a impossibilidade da profissão solene que ligaria o mancebo ao Instituto, e o habilitaria a suceder ao velho no cargo que este ocupava, e quem sabe? na suprema direção da Companhia, como seu Geral.

Uma opinião que tem para mim grande peso, já pelo apurado gosto literário: meu amigo o Sr. J. Serra não me levou a bem a inclusão de José Basílio no drama, e remeteu-me à crítica por mim feita ao Sr. Magalhães, barão de Araguaia, a propósito d'*A confederação dos tamoios*.

Não me parece que haja analogia no caso. Anchieta e Estácio de Sá eram figuras principais do fato cantado no poema. O poeta ou devia prescindir deles, nomeando-os apenas, ou apresentá-los em sua majestade histórica. Eles não podiam ser baixos-relevos; cumpria talhá-los em estátua.

Outro tanto não se dá com José Basílio da Gama. Em 1759 não tinha ele senão 18 anos e era simples noviço; sua individualidade não se tinha formado, e estava bem longe do poeta que veio a ser muitos anos depois. É nestas condições que ele figura no drama; e ninguém dirá que seu papel esteja em contradição com o caráter histórico.

Na biografia do poeta, em seus escritos e especialmente nas notas ao *Uraguai*, se encontram os elementos que serviram para o esboço do noviço folgazão e espirituoso, que disfarçava com o motejo e o riso a repugnância do claustro, e sonhando a liberdade ensaiava nos adejos tímidos de sua vocação poética os vôos épicos.

Ainda penso que seria indesculpável ao autor d'*O jesuíta* se, pondo em cena o *Colégio* do Rio de Janeiro onde vivia José Basílio, ocultasse entre os comparsas o mancebo noviço, e deixasse de aproveitar esse subsídio histórico. Shakespeare fez passar mui rapidamente pela cena do seu *Henrique VI*, o personagem do moço conde de Richmond, que mais tarde devia ser Henrique VII.

Ninguém mais do que eu respeita a memória do cantor do *Uraguai*. Foi ele dos primeiros que pressentiu a poesia brasileira, e influiu-se dessa aura americana, que apesar da nossa origem européia e de nossa admiração pelos grandes modelos há de ser a nossa verdadeira musa, o gênio indígena, único fecundo e criador.

Não seria eu pois quem evocasse do passado essa individualidade para abatê-la. Mostrei-a no descuido da juventude; mas já sentindo as asas a despontarem-lhe. Se não me engano, há certo encanto em ver a obscuridade daqueles a quem o futuro reserva a glória; é como o esboço de uma estátua que há de ser.

A figura de Samuel ressente-se de exageração? É outro ponto sobre que desejaria ser convencido. Tratando-se de um estudo de costumes, ou de um personagem rigorosamente histórico, o reparo seria da maior justeza, embora se pudesse invocar o exemplo de Shakespeare. Mas Samuel é um tipo; é o ideal de um desses políticos ignotos que do fundo de sua cela agitavam e revolviam o mundo: é a Companhia personificada.

A cômica aparência do conde de Bobadela foi devida à má interpretação do personagem. Governador de ânimo varonil, enérgico em suas resoluções, mas de maneiras afáveis, verdadeiro fidalgo, suscetível de rasgos cavalheirescos, não há uma cena em que ele não seja grave e circunspecto, ainda mesmo quando cede à ternura paterna.

Quanto à verossimilhança histórica do drama, limitar-me-ei a lembrar que a separação das colônias da América, foi um dos sonhos da Companhia, quando sentia que a Europa escapava-lhe.

Por outro lado os assomos de independência já eram por esse tempo mais veementes do que geralmente se supõe. Os revoltados de Pernambuco em 1710 pagaram duramente nos cárceres do Limoeiro, que para muitos foi sepultura, o grito imprudente do desespero que haviam soltado, quando se viram humilhados pela influência dos *Mascates*.

Basta. Já demasiei-me acerca de um assunto de que ninguém mais se ocupa.

Li estes dias um convite feito aos autores brasileiros para enviarem suas obras à Exposição do Chile, que projeta a criação de uma biblioteca internacional. Tive tentações de enviar-lhe um exemplar d'*O jesuíta* com esta legenda:

> Depois de três anos de completa mudez do teatro brasileiro, anunciou-se a representação deste drama na imperial corte do Rio de Janeiro, onde não houve CEM indivíduos curiosos de conhecerem a produção do escritor nacional. Isto aconteceu no qüinquagésimo terceiro ano de nossa independência, imperando o Sr. D. Pedro II, augusto protetor das letras, e justamente quando se faziam grandes dispêndios com preparativos para a Exposição de Filadélfia, onde o Brasil vai mostrar o seu PROGRESSO e CIVILIZAÇÃO.

Como, porém, eu estou convencido de que a comissão não enviaria o meu exemplar; e além disso não tenho nenhuma dose de Coriolano, não realizei meu intento. Aproveitarei todavia a ocasião para responder aos ilustres membros da comissão pelo mesmo canal do convite, a imprensa.

Que empenho tenho eu brasileiro, que escrevo principalmente para minha pátria, e que em cerca de quarenta volumes de minha lavra ainda não produzi uma página inspirada por outra musa que não seja o amor e admiração deste nosso Brasil; que empenho tenho eu de ser conhecido pelos habitantes do Chile, se na capital do meu país uma reputação (?) ganha com vinte e cinco anos de trabalho não presta para dar a um meu drama nem ao menos um público de curiosidade?

Irei eu brasileiro solicitar do estrangeiro um apreço que reverteria em condenação desse ostracismo literário? Irei eu pedir aos que falam a língua espanhola uma atenção que me negaram ouvidos nacionais para o nosso falar português?

Não!

Quando comecei estes artigos era minha intenção suscitar algumas idéias acerca da regeneração do nosso teatro ou antes de sua criação, pois nunca o tivemos; nem alguns esforços individuais constituem uma literatura dramática.

Pensei melhor, porém. As mágicas e espalhafatos que se dão na cena fluminense, em todo caso são um esboço de teatro brasileiro, de que sem eles não existiriam nem vestígios. Em vez de desacreditá-los, devemos animá-los; e fique à boa sociedade o vexame de seu atraso.

O povo tem um teatro brasileiro; a alta classe freqüenta os estrangeiros.

JOSÉ DE ALENCAR

O JESUÍTA

Drama em quatro atos

Representado pela primeira vez no Rio de Janeiro,
em 18 de setembro de 1875.

PERSONAGENS

Dr. Samuel, *Médico italiano.*
Conde de Bobadela, *Governador do Rio de Janeiro.*
Estêvão de Mendonça, *Pupilo de Samuel.*
Fr. Pedro da Luz, *Reitor dos Jesuítas.*
José Basílio da Gama, *Noviço da Companhia.*
D. Juan de Alcalá, *Aventureiro espanhol.*
Miguel Correia, *Alferes.*
Garcia, *Índio.*
Daniel, *Cigano.*
D. Constança de Castro, *Filha natural do Conde.*
Inês, *Caseira de Samuel.*

A cena é no Rio de Janeiro no ano de 1759.
O 1º ato junto ao Convento da Ajuda,
o 2º em casa de Samuel,
os 3º e 4º no Colégio dos Jesuítas
sito no morro do Castelo.

ATO PRIMEIRO

(*Um pequeno campo coberto de arvoredo nas faldas do morro do Castelo, e defronte do Convento da Ajuda, ainda não acabado.*)

Cena I

CONDE DE BOBADELA e MIGUEL CORREIA

CONDE

Então?

CORREIA

Saiu.

CONDE

Com quem falastes?

CORREIA

Com a sua caseira.

CONDE
Quando volta? Perguntastes?

CORREIA
Não sabe.

CONDE
Impossível...

CORREIA
Insisti, porém nada pude colher.

CONDE
Desconfiou talvez.

CORREIA
Não creio. Disse-lhe, como me ordenou V. Exa., que se tratava de um doente.

CONDE
Não importa: ele há de tornar. É preciso que hoje mesmo o tenha em meu poder.

CORREIA
Como! É intenção de V. Exa. prendê-lo?

CONDE
Não interroga senão quem tem o direito de saber, Miguel Correia. Conhecereis minhas intenções, quando vos der as minhas ordens.

CORREIA
Perdão, Sr. conde; sei o que devo a meu superior e o que devo a mim mesmo; não tive propósito de interrogar a V. Exa.; foi simples admiração.

CONDE
E em que vos admira a prisão desse homem? Dizei-o!...

CORREIA
Permite o Sr. governador que eu seja franco?

CONDE
Ordeno, se é preciso.

CORREIA
Não ignora V. Exa. que o doutor Samuel é estimado de todos; não há miséria ou infortúnio nesta cidade a que ele não leve um alívio ou um consolo. A sua ciência é tão profunda, quanto sua bolsa é rasa; ao passo que uma serve ao rico, a outra pertence aos pobres.

CONDE
E que concluis de tudo isto?

CORREIA
Que a prisão desse homem, com ser uma injustiça, pode tornar-se um perigo. O povo o defenderá; os padres sobretudo o sustentarão.

CONDE

E eu o acusarei contra o povo, contra os jesuítas, contra todos. Não se dirá que um aventureiro zombou do conde de Bobadela e lutou impunemente contra a coroa de Portugal.

CORREIA

Que diz, Sr. governador?

CONDE

Digo que este velho não é o que pensais; mas um perigoso conspirador. Há muito tempo que o suspeitava; mas só hoje tenho a arma, que o deve ferir. (*mostra-lhe um pergaminho*) Reconheceis?

CORREIA

O selo do marquês de Pombal!...

CONDE

Sim, daquele que devia ser rei, se não fosse ministro de D. José I. (*Estêvão entra*)

CORREIA

Ah!... É o pupilo do doutor Samuel.

CONDE

Não quero que nos veja. Voltemos ao paço; tomai uma guarda de vinte homens e ocultai-vos nas vizinhanças. Ao meio-dia estarei aqui; tenho despachos que escrever para as capitanias do Sul.

Cena II

INÊS, JOSÉ BASÍLIO *e* ESTÊVÃO

INÊS
(*ao descer encontra-se com José Basílio*)
Ai!... Não gosto destas graças, Sr. estudante!

JOSÉ BASÍLIO
Não é graça, não, Inês; é negócio muito sério. Tu me deste um abraço, devo pagá-lo.

INÊS
Fui eu que o dei!... Forte desaforo!

JOSÉ BASÍLIO
Bem sei que as mulheres não costumam confessar estas coisas; por isso podes desculpar-te comigo.

INÊS
Não tem vergonha! Um rapaz que traz este santo hábito!

JOSÉ BASÍLIO
Pois é mesmo por isso. Este santo hábito é uma *capa* de nossas mazelas. (*descem à esquerda*)

INÊS
E de todas as travessuras que o senhor faz aí à sorrelfa. Ah! se o reitor o ouvisse!

José Basílio

Que tinha isso?... A nossa regra proíbe com penas muito severas amar uma mulher, uma, entendes, Inês? Isto quer dizer que devemos amar a todas.

Inês

Que heresia, santo Deus! É um tonsurado quem diz semelhante coisa!

José Basílio

Não sou eu quem o diz, filha; é o mandamento: "Amar ao nosso próximo como a nós mesmos." Tu és meu próximo, Inês; e eu estou tão próximo de ti que... (*ameaça beijá-la*)

Inês

Sr. estudante!... Não se engrace; olhe que eu conto a frei Pedro!

José Basílio

Está bem; não vai a zangar, filha. Falemos de coisas urgentes. Onde encontrarei o doutor Samuel?

Inês

Pergunta a quem não lhe sabe responder. Ainda há pouco procuraram por ele para ver um doente, e não lhe pude valer.

José Basílio

Como há de ser? Precisava falar-lhe sem demora.

Inês

Há alguma coisa lá pelo convento? O que aconteceu?

JOSÉ BASÍLIO
Está tudo em uma balbúrdia, que ninguém se entende. Chegou-nos um capitão espanhol, uma espécie de ferrabrás que pôs toda a casa em alvoroto: e o padre-reitor mandou-me a toda a pressa entregar esta carta ao doutor Samuel.

INÊS
Que será, bom Deus? Talvez alguma das do Sr. governador contra os santos padres de Jesus.

JOSÉ BASÍLIO
Decididamente não me dizes onde o acharei?

INÊS
Ora!... Aquilo é homem que nunca se sabe onde anda.

JOSÉ BASÍLIO
O verdadeiro é esperar. – Chega-te, filha.

INÊS
Já começa com as suas brincadeiras!

JOSÉ BASÍLIO
Não; agora trata-se de um objeto muito grave.

INÊS
O que é? Vamos a ver.

JOSÉ BASÍLIO
Com o barulho que havia lá pelo convento frei Bandurra, sabes, o nosso dispenseiro, esqueceu-se do refeitório.

Inês
E que tem isso?

José Basílio
Tem, que sinto uma fome de sexta-feira; ainda estou com a boca com que dormi.

Inês
Entendo! Quer que vá aprontar-lhe o almoço?

José Basílio
Benta palavra! Vai, filha, vai. Não te esqueça um daqueles franguinhos recheados como sabes preparar.

Inês
Só pensa em comer e vadiar.

José Basílio
Não gastes o tempo com palavras. Se queres, vou ajudar-te.

Inês
Muito obrigada! Dispenso.

José Basílio
Pois então enquanto espero, vou fazer-te um soneto, para pagar o almoço.

Inês
Como aquela cantiga?

José Basílio
Sim, mas avia-te!

INÊS
Arre lá com tanta pressa!

JOSÉ BASÍLIO
Ah! onde anda Estêvão?

INÊS
Há de estar lá no seu canto costumado, às voltas com os livros.

Cena III

JOSÉ BASÍLIO *e* ESTÊVÃO

JOSÉ BASÍLIO
Em que pensas, Estêvão?

ESTÊVÃO
José Basílio!... Oh! estimei que viesses.

JOSÉ BASÍLIO
Tens alguma coisa que dizer-me?

ESTÊVÃO
Sim, e uma coisa bem importante para nós ambos.

JOSÉ BASÍLIO
(*a rir*)
Vamos a isso, apesar de que ainda não almocei, e as emoções em jejum causam certo desarranjo.

ESTÊVÃO
Não gracejes, José Basílio. O momento não é para isto. Quando souberes...

JOSÉ BASÍLIO
Desculpa!... Este meu gênio!... Sou incorrigível! Mas não faças caso; sabes que sob esta aparência frívola, bate o coração de um amigo.

ESTÊVÃO
E de um bom e sincero amigo, a quem posso confiar-me.

JOSÉ BASÍLIO
Fala! O que tens para dizer-me?

ESTÊVÃO
Uma palavra, uma só; mas uma triste palavra. Vou dizer-te adeus!

JOSÉ BASÍLIO
Tu partes?

ESTÊVÃO
Estou decidido.

JOSÉ BASÍLIO
Quando?

ESTÊVÃO
Amanhã.

JOSÉ BASÍLIO
Para onde?

ESTÊVÃO
Não sei.

JOSÉ BASÍLIO
Mas é um projeto louco!

ESTÊVÃO
É uma resolução inabalável.

JOSÉ BASÍLIO
Pensaste bem no passo que vais dar?

ESTÊVÃO
Pensei em tudo; e decidi quebrar de uma vez esta cadeia que me prende. Amanhã deixarei esta terra.

JOSÉ BASÍLIO
E que destino levas?

ESTÊVÃO
Vou para onde me levar a sorte. O lugar pouco importa, contanto que seja livre!

JOSÉ BASÍLIO
Mas, Estêvão, reflete no futuro que te espera. Só e sem recursos, sem parentes...

ESTÊVÃO
Deus deitou-me órfão e enjeitado neste mundo.

JOSÉ BASÍLIO
Porém deu-te um protetor e amigo que velou sobre a tua infância. A habitação do doutor Samuel é para ti a casa paterna; tu não podes, não deves fugir dela.

ESTÊVÃO
Fugir!... Estás enganado, José Basílio, se pensas que pretendo partir às ocultas como um criminoso.

JOSÉ BASÍLIO
O doutor Samuel consentirá?

ESTÊVÃO
Sou um homem; tenho direito de dirigir-me pela minha vontade. Ainda não fiz voto nenhum de obediência.

JOSÉ BASÍLIO
Assim, não há razão que te faça mudar de propósito; nem a dor daquele que te serve de pai; nem o pedido de um amigo?

ESTÊVÃO
Devo partir.

JOSÉ BASÍLIO
Neste caso, não me resta senão dizer-te que a todo tempo acharás sob esta grosseira estamenha o mesmo amigo que hoje abandonas.

ESTÊVÃO
José Basílio!... Não me acuses! Não me julgues ingrato!

JOSÉ BASÍLIO
Lamento-te; não tenho o direito de acusar, Estêvão.

ESTÊVÃO
Vou abrir-te minha alma. Ouve e julga-me. Sabes o respeito e a admiração que voto ao homem que me recolheu como um filho, quando meus pais me atiraram à rua como um fardo inútil. Ele tem sido para mim, mais do que um amigo ou protetor, mais do que uma família. Também o que eu sentia não era amor, era um culto. Sua vontade era a minha lei; quando há dois anos comunicou-me seu desejo que eu entrasse na Companhia de Jesus logo que terminassem os meus estudos; recebi essa nova com a mesma satisfação que tinha sempre que podia cumprir uma ordem sua.

JOSÉ BASÍLIO
E eu alegrei-me com a esperança de que a minha cela ia receber a outra metade de minha alma que andava erradia pelo mundo.

ESTÊVÃO
A mim também sorriu esta esperança. Mas então... Perdoa-me, José Basílio! Então o coração não havia despertado; o horizonte da vida não se abrira: ignorava ainda que acima da religião, do respeito filial, da amizade, há um outro sentimento mais forte e mais profundo que domina o homem e o possui todo e tanto que a existência se resume nele.

JOSÉ BASÍLIO
O amor?

ESTÊVÃO
Sim, o amor. Como eu o senti não sei dizer-te. Vi uma menina, vi-a um instante, porém esse instante

foi uma revolução em minha vida; a alma elevou-se da terra; e eu engrandeci-me com este sentimento novo. Sonhei glórias, poder...

José Basílio
Oh! compreendo tudo agora! É este amor que te obriga a uma resolução desesperada.

Estêvão
É este amor que me faz ambicioso, e que me dá sede de liberdade!... Quero merecê-la! (*D. Juan aparece*)

José Basílio
Alguém nos escuta!

Estêvão
Um soldado!... Por estes lugares!

José Basílio
Parece-me que já vi esta figura de matamouro.

Estêvão
Vê se consegues afastá-lo; preciso estar só aqui. Depois falar-te-ei...

José Basílio
Onde nos encontraremos?

Estêvão
Na portaria da Ajuda.

José Basílio
Não te demores.

Cena IV

José Basílio e D. Juan

D. Juan
Bom dia, senhor roupeta!

José Basílio
Deus o salve, senhor gibão rafado!

D. Juan
Hein!... Que é isso lá?

José Basílio
Perdão! Pelo tratamento de vmcê. julguei que era uso agora apelidar-se a gente pelo vestuário.

D. Juan
Pois para que não se adiante, saiba que tem a honra de falar ao insigne capitão D. Juan Fuerte de Alcalá, fidalgo espanhol, atualmente ao serviço d'el-rei D. José I, nosso senhor, que Deus guarde. (*tira o chapéu*)

José Basílio
Servo de vmcê. José Basílio da Gama, noviço estudante na Companhia dos Padres de Jesus que tem a sua colegiada no morro do Castelo desta cidade de S. Sebastião. (*tira o chapéu*)

D. Juan
Conheço... Conheço a tal colegiada! De lá venho agora.

José Basílio
Assim me parecia; lembrava-me tê-lo deixado quando saí.

D. Juan
E se não tomasse a boa resolução de pôr-me ao fresco, ainda lá estaria a esta hora olhando para as paredes à espera que os malditos frades se decidissem a dar uma palavra. Com a breca! É uma casa de mudos!

José Basílio
Que lhe sucedeu então?

D. Juan
Ora!... Chego, pergunto pelo reitor, levam-me a um velho carola; exponho-lhe o caso em termos claros; o reverendo escreve uma carta, levanta-se e até agora o espero. Dirijo-me a uns barbaças que andavam como baratas de um lado para outro, e por toda a resposta levam o dedo à boca. Pelas chagas de Cristo! Era demais. Puxo da espada; a fradaria barafusta por um corredor, e eu ganho a ladeira.

José Basílio
(*rindo*)
Ora, deixe estar, senhor capitão, que para outra vez não lhe há de acontecer o mesmo. Lá estarei, e conversaremos à larga.

D. Juan
Para outra vez! Pois não! Tinha que ver se eu voltasse a semelhante casa.

JOSÉ BASÍLIO
Mas o negócio de que ia tratar?

D. JUAN
Que se arranjem! Se quiserem, procurem-me; o negócio é deles.

JOSÉ BASÍLIO
Entretanto, segundo ouvi, foi isso que o trouxe ao Rio de Janeiro?

D. JUAN
Histórias!... Uma bela manhã passeava pelo cais do Sudré quando deram-me tentações de viajar. Eu cá sou da escola de César; um navio levantava a âncora: decidi, embarquei, e cheguei.

JOSÉ BASÍLIO
Ontem à noite no galeão *S. Martinho*?

D. JUAN
Justamente.

JOSÉ BASÍLIO
Mas para decidir-se assim a uma viagem tão precipitada devia ter uma razão forte.

D. JUAN
Eu lhe digo. Estava em Lisboa muito a meu cômodo; porém a minha bolsa, que entrara na capital da Lusitânia bem recheada, ficara reduzida a cinco patacas em prata. Ora, eu sigo um sistema; quando não tenho dinheiro viajo.

JOSÉ BASÍLIO
É inteiramente o contrário do que os outros costumam.

D. JUAN
Não duvido; dou-me perfeitamente com o meu sistema; tenho percorrido as quatro partes do mundo; na Europa passei por um príncipe viajando incógnito; na Ásia por um paxá de três caudas; na África pelo novo profeta.

JOSÉ BASÍLIO
Na América, passará pelo que é!...

D. JUAN
Aqui pretendo casar-me com uma caboclinha, filha de algum cacique que traga-me em dote uma mina de ouro e um alqueire de diamantes. E quem me há de arranjar isto, é lá o seu reitor.

JOSÉ BASÍLIO
Ah! Já pretende voltar ao convento?

D. JUAN
Pois não!... Ele virá ter comigo.

JOSÉ BASÍLIO
Esta é mais curiosa!

D. JUAN
Veremos! O que eu lhe disse hoje lhe dará a curiosidade de saber o resto.

José Basílio
Pelo que parece, é coisa muito importante!

D. Juan
Não; são duas palavras, mas aposto que S. Exa. o senhor conde de Bobadela, daria por elas de olhos fechados a soma de mil cruzados.

José Basílio
Sim!... E por que não lhos pediu ainda?

D. Juan
Por quê?... Porque os frades podem dar o dobro; se não quiserem, então vou ao governador. Quando se arrependerem será tarde. Até à vista. (*afasta-se*)

José Basílio
Senhor capitão?

D. Juan
Que temos?

José Basílio
Escute por mercê.

D. Juan
Vá lá, mas depressa; que eu estou demorado por estes sítios.

José Basílio
O senhor ignora decerto que vim do convento trazer uma carta.

D. JUAN
A tal carta do reitor?

JOSÉ BASÍLIO
Essa mesma; ele escreveu ao doutor Samuel.

D. JUAN
Quem é esse doutor Samuel?

JOSÉ BASÍLIO
É um médico italiano, homem de muito saber e virtudes a quem o padre-reitor costuma consultar.

D. JUAN
Ah! E onde se encontra esse homem precioso?

JOSÉ BASÍLIO
Olhe; ali está a casa.

D. JUAN
Bom; vou já falar-lhe.

JOSÉ BASÍLIO
Com licença! Saiu, mas não pode tardar; também estou à sua espera.

D. JUAN
Hein!... Tudo isto me parece uma zombaria... Mas eu acabo a história, indo daqui direito ao governador. Adeus, senhor roupeta. Diga ao padre-mestre que breve lhe darei notícias minhas. (*Estêvão entra pela direita e aproxima-se de José Basílio, que não o vê. D. Juan vai sair pela esquerda*)

Cena V

JOSÉ BASÍLIO, D. JUAN e ESTÊVÃO

JOSÉ BASÍLIO
Ouça, capitão, não se vá!

ESTÊVÃO
(*a José Basílio*)
Como!... Em vez de afastá-lo, queres demorá-lo.

JOSÉ BASÍLIO
É verdade; tinha-me esquecido do que me pediste.

D. JUAN
(*a Estêvão*)
Olá, senhor moço!... Nesta terra é uso não saudar os outros?

ESTÊVÃO
Nesta terra cada qual segue o seu caminho sem dizer impertinências a quem não conhece.

D. JUAN
Pelas chagas de Cristo!... Tens a língua muito longa, meu rapaz, mas não tanto quanto a folha desta espada. (*desembainha*)

JOSÉ BASÍLIO
Que é isto, capitão? Quer brigar a esta hora?

ESTÊVÃO
Guarde a sua espada para melhor ocasião, quando estivermos sós; e então prometo-lhe que não a tirará debalde.

D. Juan
Quando e onde quiser. Às suas ordens. (*vai sair*)

José Basílio
Escute! Escute! Tenho um negócio a comunicar-lhe! (*D. Juan pára*)

Estêvão
(*baixo a José Basílio*)
Não sei que interesse tens em demorar este homem, apesar do que te pedi! Preciso estar só aqui.

José Basílio
(*a Estêvão*)
Não te amofines; vou arranjar isto. Não sabes em que arriosca estou metido.

Estêvão
Como assim?

José Basílio
Este homem tem um segredo importante para a Ordem.

D. Juan
Então, senhor noviço; acha que também deve fazer-me esperar?

José Basílio
É um instante!

Estêvão
Deixa-o ir.

José Basílio
Não é possível. Vai ao governador.

Estêvão
Então, queres retê-lo?

José Basílio
Há um meio de conciliar tudo.

D. Juan
(*desce*)
Que negócio é esse que tem a comunicar-me?...

José Basílio
Uma coisa importante!... (*a Estêvão*) Lá se vai o almoço!

D. Juan
Pois desembuche de uma vez!

José Basílio
(*a Estêvão*)
Não há remédio!

D. Juan
Então, fala ou não?...

José Basílio
Agora... Capitão, sem preâmbulos, convido-o a almoçar comigo.

D. Juan
(*rindo*)
Sério?

José Basílio
Infelizmente, é muito sério.

D. Juan
Toque, e vamos a isto! (*afasta-se*)

José Basílio
(*a Estêvão*)
Vês a enormidade do sacrifício que te faço? Na história de Cástor e Pólux não há exemplo de outro tão sublime.

Estêvão
(*sorrindo*)
É que tu não imitas; aperfeiçoas os modelos.
(*saem José Basílio e D. Juan*)

Cena VI

Estêvão *e* Constança

Estêvão
Enfim, ela não pode tardar!

Constança
Ah!... Não sabe quanto custou-me chegar até aqui!... A todo o momento cuidava que me viam, que me seguiam... Foi uma imprudência vir a este sítio!... Ainda estou toda trêmula... Não vê?...

Estêvão
Este sítio é deserto a esta hora, e além disto, não está quase em sua casa, Constança?

CONSTANÇA
Por isso mesmo; era melhor que o esperasse.

ESTÊVÃO
Não; precisava falar-lhe sem testemunhas; tenho tanto que dizer-lhe, e vou passar tanto tempo sem vê-la.

CONSTANÇA
Sem ver-me!... E por quê?... Já não lhe causam prazer nossos alegres serões, a conversar com minha boa mãe, que todas as noites nos abençoa?

ESTÊVÃO
Não me lembre essas doces reminiscências, Constança, que me tira a coragem de confessar-lhe tudo! É para vivermos juntos, sempre; para nunca mais nos separarmos, que vou deixá-la.

CONSTANÇA
Meu Deus! Quer deixar-me, Estêvão?... Oh! compreendo!... Já não me ama, e como sabe que para mim perdê-lo seria morrer, consola-me com essa tênue esperança de um futuro que não se deve realizar!

ESTÊVÃO
Ofende-me cruelmente com essa suspeita injusta!... Se fosse possível que um dia deixasse de amá-la, tenho bastante lealdade para confessá-lo e pedir meu perdão. Mas creio que isto não é possível, e que mil vidas que tivesse não saciariam esse prazer de adorá-la, de rever a minha alma, em seus olhos...

CONSTANÇA
E vai deixar-me!... E vai partir!...

ESTÊVÃO

Sim!... Porque a amo, porque sua inocência é para mim tão sagrada, tão pura, que eu temo ofendê-la com uma afeição criminosa.

CONSTANÇA

Não sei o que dizer, Estêvão! Para mim a felicidade é vê-lo e amá-lo; a seu lado nada receio, e sinto-me tão tranqüila como ao pés do altar.

ESTÊVÃO

E tem razão! Meu amor a respeita, mas ele me domina, e Deus sabe as lutas silenciosas de meu coração, a força de vontade que é preciso para resistir aos impulsos deste sentimento poderoso!

CONSTANÇA

Por que não me ama como eu lhe amo, sem temor e inquietação?

ESTÊVÃO

Sua candidez não compreende isto. Porque é minha noiva à face de Deus, Constança; mas não é ainda minha esposa para o mundo.

CONSTANÇA

Não lhe dei eu a minha alma?

ESTÊVÃO

Deu-me sua alma, Constança, e é por isso que eu respeito em sua virtude a minha felicidade futura. Parto; voltarei para pedir-lhe um bem que me pertence.

CONSTANÇA

E há necessidade de partir, quando a ventura está tão perto de nós? Hoje é o amigo de meu coração; não pode amanhã ser meu...

ESTÊVÃO

Diga, diga esse nome!... Quero ouvi-lo de sua boca!... Diga... seu...

CONSTANÇA

Meu marido!

ESTÊVÃO

Seu marido!... Ah! se os seus lábios, pronunciando esta palavra a santificassem como a voz do ministro do Senhor!... Mas bem sabe, Constança, que não é possível!

CONSTANÇA

Por que diz isto?

ESTÊVÃO

Sua vontade não é livre como seu coração. Esse protetor desconhecido e poderoso que a vê às ocultas consentirá que seja minha esposa?!

CONSTANÇA

Ele é bom. Faz todas as minhas vontades.

ESTÊVÃO

É uma esperança que a ilude. Interessa-se por seu futuro; é talvez seu parente e a destina a algum fidalgo.

CONSTANÇA
Não! Eu lhe confessarei que o amo; que esse amor é a minha felicidade!

ESTÊVÃO
Lembre-se, Constança, que sou enjeitado; não recebi de meus pais nem a herança que o mendigo deixa a seu filho, um nome.

CONSTANÇA
E que me importa isso?... No mundo não existe outro homem para mim; não conheço a ninguém mais. Nobreza, cabedais, não valem para mim o seu coração.

ESTÊVÃO
Obrigado, Constança, obrigado! Eu a encontro como a sonhei! Mas é preciso que me eleve à altura de seu amor, e o conseguirei. A sociedade deserdou-me; minha família renegou-me; mas Deus me deu coragem para lutar com o meu destino e vencê-lo. Tranqüilize-se, não me esperará muito tempo.

CONSTANÇA
Como! Ainda está resolvido a partir?

ESTÊVÃO
É forçoso!

CONSTANÇA
Oh!... eu lho peço!... Vai matar-me!

ESTÊVÃO
Então não me estima!

CONSTANÇA

Não diga isto, Estêvão.

ESTÊVÃO

Se me estima, deve ter a coragem do sacrifício. Cuida que também a mim não custa esta separação?

CONSTANÇA

Sim, sim!... Eu terei coragem, já que é preciso.

ESTÊVÃO

Agora, antes de nos separarmos, uma última graça.

CONSTANÇA

O quê, meu amigo?...

ESTÊVÃO
(*ajoelhando-se*)

Abençoe-me; Deus falará por seus lábios; e sua palavra cairá sobre mim como a unção divina.

CONSTANÇA
(*beijando-o na fronte*)

Adeus! (*Samuel aparece no fundo*)

ESTÊVÃO
(*erguendo-se*)

Ah! Tu me santificaste, Constança. Sou outro homem; sinto-me com forças de fazer impossíveis. Levo tua alma neste beijo; eu a restituirei depondo a teus pés minha vida inteira. (*abraça-a*)

Cena VII

CONSTANÇA, ESTÊVÃO e SAMUEL

SAMUEL
Tua vida, meu filho, já não te pertence.

CONSTANÇA
Ah!...

ESTÊVÃO
Senhor!...

SAMUEL
Por que vos assustais, Constança? Minha presença não deve inquietar-vos. Um pai é sempre bem-vindo quando se trata da felicidade de seu filho. A afeição que tenho a Estêvão envolve todos que lhe são caros, como vós, Constança.

CONSTANÇA
Ah! se fosse verdade o que dizeis!... Mas vossas palavras há pouco eram tão severas! Pareceram-me uma repreensão!

SAMUEL
Eram apenas um conselho de amigo. Minha voz lembrava a Estêvão que ele não pode dar-vos, e que vós não podeis aceitar, a sua vida.

CONSTANÇA
Por quê, meu Deus? Não mereço eu o seu amor?

ESTÊVÃO

Calai-vos, senhor!... Ides despedaçar-lhe a alma. Puni-me, porém respeitai-a.

SAMUEL

Se uma mulher neste mundo pudesse ligar sua vida à existência de Estêvão, essa devíeis ser vós, Constança; vós que sois bela como sua alma, pura como o seu coração. Mas isto é impossível! Ele já quebrou os laços que o prendiam à sociedade; um abismo vos separa; um abismo profundo, que nenhum poder da terra pode suprimir.

ESTÊVÃO

Que quereis dizer, senhor?... Explicai-vos!

CONSTANÇA

Sim!... Falai!... Por piedade! Meu espírito se perde!... Quero compreender... Não posso!... Quero duvidar...

SAMUEL

Não duvideis! Enquanto é tempo salvai-vos; salvai a ele que se perde, salvai-me a mim, que vivo dele e por ele.

CONSTANÇA

Salvar-me... Salvar-vos... e de quê?

SAMUEL

A vós, de um sacrilégio; a ele, de um perjúrio; e a mim de uma perda irreparável.

Estêvão
Senhor!... Senhor!... Vós me enlouqueceis!

Constança
E me torturais nesta incerteza horrível! Não sabeis como eu o amo!

Samuel
Amastes a Estêvão, minha filha; mas não podeis amar um frade.

Constança
Ah!...

Estêvão
Mentis, senhor!...

Samuel
Meu filho!

Estêvão
Perdão, perdão!... Foi um desvario, uma alucinação! Vossos lábios são o altar da verdade e da ciência! Mas a razão me abandona! Eu frade!... Quando, meu Deus?... quando professei? Fiz votos algum dia?... E dizeis que eu sou... Não!... não!... Vosso espírito se ilude... ou perdi a memória do passado... a recordação do passado... a recordação do que fui e do que sou.

Samuel
Ergue-te, Estêvão, e abraça-me. Sou eu que preciso do teu perdão; és tu que me deves absolver da grande falta que cometi, talvez de um crime.

ESTÊVÃO
De um crime!

SAMUEL
Ignoras que muitas vezes os homens chamam crime as grandes abnegações que eles não compreendem!

ESTÊVÃO
Vejo em tudo isto um mistério que me confunde.

SAMUEL
E que vou revelar-te. Mas esta menina não deve ouvir-nos; basta o fel que já lhe verti no coração. (*aproximando-se de Constança*) Sofreis muito, minha filha?

CONSTANÇA
Oh! horrivelmente.

SAMUEL
Há um consolo supremo para as grandes dores.

CONSTANÇA
As lágrimas.

SAMUEL
O céu!

CONSTANÇA
O céu!... É verdade!... Chegar-me para Deus é ainda aproximar-me dele.

SAMUEL
Senti-vos com força de ir até vossa casa?

CONSTANÇA
A igreja está aberta. Far-me-á bem rezar agora.

SAMUEL
Ide, minha filha, e perdoai o mal que vos acabo de fazer.

CONSTANÇA
Antes de partir... É a última vez... Ele ainda é meu irmão.

SAMUEL
Entendo. Desejais dizer-lhe adeus? Tendes razão.

CONSTANÇA
Consentis?

SAMUEL
Por que o negaria?... (*remonta*)

Cena VIII

ESTÊVÃO *e* CONSTANÇA

CONSTANÇA
Não me quer dizer adeus, Estêvão?

ESTÊVÃO
Constança!... Depois, do que se acaba de passar?... Não me despreza então?... Não me olha como um ente vil e infame?

CONSTANÇA
Somos irmãos pela desgraça e pelo coração.

ESTÊVÃO
Que bem me fazem suas palavras! Sinto que não estou louco, porque ainda a amo! Sinto que vivo porque sua voz ainda faz estremecer as fibras do meu corpo. Adeus, adeus, Constança.

CONSTANÇA
Para sempre?

ESTÊVÃO
Não!... Qualquer que seja esse cruel destino que pesa sobre mim, qualquer que seja o mistério que me envolve; só tenho consciência de uma coisa: sou livre, dei-lhe minha existência: feliz ou desgraçada, ela pertence-lhe. Espere-me, pois, espere-me sempre!... Se eu não puder viver em seus braços, juro que virei morrer a seus pés!

CONSTANÇA
Morreremos juntos!... A morte é o único bem que não se pode roubar ao desgraçado!

ESTÊVÃO
Adeus!... Ame-me!

CONSTANÇA
Vou esperá-lo, Estêvão!

Cena IX

Samuel *e* Estêvão

Samuel
(*só*)
Meu Deus! Se o que acabo de fazer, é uma desgraça, perdoai-me! Se é um crime, puni-me!...

Estêvão
Estamos sós. Não me oculteis nada, senhor; tenho coragem para encarar com a minha sorte, qualquer que ela seja!

Samuel
Chegou o momento de revelar-te um fato que decidiu de tua vida, meu filho; ele era necessário; tenho consciência de que praticando-o cumpri o dever que a Providência me impôs quando te confiou à minha afeição. Procedi como pai e como amigo; tu me julgarás.

Estêvão
Eu vos escuto.

Samuel
Lembras-te do dia em que me prometeste abraçar a vida religiosa e entrar no convento dos jesuítas?

Estêvão
É verdade que vos fiz então essa promessa; porém não previ que me seria impossível cumpri-la. Amo, senhor! Este sentimento espontâneo, irresistível, que Deus criou em minha alma, essa lei fatal da na-

tureza que faz pulsar o coração do homem, tem mais força do que uma simples promessa.

SAMUEL

Mas essa promessa, feita nas minhas mãos, é um juramento; é um voto!... Naquele momento tu professaste, Estêvão!

ESTÊVÃO

Eu!...

SAMUEL

É esta a falta de que me acuso e que me deves perdoar. Era preciso que vivesses exclusivamente para a religião, e eu sacrifiquei a ela tua vida. Nas palavras que pronunciei então, e que não compreendeste, aceitei os teus votos, e te sagrei em nome do Senhor. Tu és jesuíta!...

ESTÊVÃO

Jesuíta!... Escarneceis de Deus, senhor! Quem sois vós? E que poder tendes para assim decidir com uma simples palavra, do destino dos homens?

SAMUEL

Quem sou eu?... Não sei, Estêvão; talvez um fanático, um insensato, que corre atrás de uma sombra; talvez o autor de uma grande revolução e o arquiteto obscuro de uma obra gloriosa. O futuro responderá. Cristo, o enviado de Deus, foi crucificado; Galileu, o mártir da ciência, queimado por herege; Colombo, o inventor do novo mundo, escarnecido por charlatão. Como eles a posteridade dirá o que sou: se um apóstolo, se um louco.

ESTÊVÃO

Enfim, senhor, já ouvi o que desejava saber. Dispusestes da minha vida; era o vosso direito, porque até hoje me alimentastes com o vosso pão.

SAMUEL

Estêvão!... Não sabes quanto é duro o que me acabas de dizer!

ESTÊVÃO

Confesso a verdade; era o vosso direito. Chegou o tempo, porém, de reassumir a minha liberdade. Renego os votos que fiz sem consciência; hoje mesmo deixarei para sempre vossa casa.

SAMUEL

Não!... É impossível!... Tu és meu filho!... Sim! Que importa que a tua carne não seja a minha carne? Que o meu sangue não gire em tuas veias? Que eu não tenha criado o teu corpo? Tu és o filho do meu espírito!... A tua razão, fui eu que a bafejei, que a embalei no berço da ciência, que a iluminei com os raios de minha inteligência. Durante vinte anos verti no teu seio, parcela por parcela, centelha por centelha, toda a minha alma. E agora, que nada me resta, queres abandonar-me?...

ESTÊVÃO

Sei que tenho para convosco uma dívida sagrada! Mas não me dissestes um dia que todo o homem pertence ao seu futuro? Meu futuro é o amor; ele nos separa.

SAMUEL

Não, Estêvão, Deus nos uniu; nem o mundo, nem as suas paixões, podem separar-nos. Meu filho, escuta-me. Quando uma noite, há vinte anos, a mão desconhecida de um mercenário te depôs na minha porta, e à luz da lâmpada que tinha iluminado a minha vigília vi-te estendendo-me os braços a sorrir, senti-me renascer! Recebi-te como um anjo do Senhor, que vinha proferir a palavra do profeta e bradar-me: – Avante!... Sim, nessa noite, pela primeira vez, a dúvida entrara em meu espírito e entorpecera-me a coragem. Obreiro infatigável de um momento gigantesco que demanda séculos para a sua realização, eu tinha feito o que era possível ao homem. Mas que momento não é a vida da criatura na rotação do mundo? Que valem anos para as grandes revoluções que marcam uma época? Sentia-me velho, via o túmulo abrir-se diante de mim. Não temia a morte! Daria com prazer à terra um despojo inútil. Mas a alma?... A idéia?... A só lembrança de que ela ia de novo voltar ao nada, donde eu a havia arrancado, era uma tortura imensa, horrível! Foi nesse momento que te recebi nos meus braços. Reanimei-me... Parecer-me que Deus dava-me o teu corpo infantil para que eu inoculasse nele a minha alma, quando o meu de velho e cansado já não pudesse carregá-la. Cumpri a vontade de Deus. Não te eduquei, não; revivi, ressuscitei-me em ti. Eu sou o passado, tu és o futuro; mas ambos formamos uma só vida, um só pensamento.

ESTÊVÃO

Mas não o meu coração!... Oh!... por que mo não arrancastes?... Então este amor não se apoderaria dele, e não usurparia os vossos direitos de pai: eu poderia ser a imagem do que fostes, a sombra da vossa grande inteligência!... Agora!... É tarde!... Exigi de mim todos os sacrifícios... Meu amor, não; esse não posso dar-vos... É dela!...

SAMUEL
(*pausa*)
Pois bem! Já que assim é preciso... (*com esforço*) faça-se a tua vontade, meu filho: ama essa mulher!

ESTÊVÃO
(*pasmo*)
Como!... Vós mesmo... Quereis!...

SAMUEL
Quero tudo, contanto que não me abandones nunca.

ESTÊVÃO
Oh!... reunir em uma só adoração as duas grandes afeições de minha vida, é a ventura suprema!... Parece-me um sonho!

SAMUEL
E o que é a existência?

ESTÊVÃO
Mas... Essa promessa feita em vossas mãos?

SAMUEL
Tranqüiliza-te. O poder que cria não seria poder se não destruísse.

ESTÊVÃO
Assim?

SAMUEL
És livre!

ESTÊVÃO
Ah! Permitis que dê esta boa notícia à Constança?

SAMUEL
Podes ir vê-la! Não me oponho.

ESTÊVÃO
Obrigado!

SAMUEL
Depois vem ter comigo; quero hoje mesmo confiar-te o segredo de minha vida.

ESTÊVÃO
Sim, meu pai.

Cena X

SAMUEL

SAMUEL
(*só*)
Rude combate!... Senti que a minha coragem vacilava! Não; ainda que devesse profanar a pureza dessa menina!... Ainda que fosse necessário sacrificar a sua vida. Sim a sua vida!... O que é a criatura neste

mundo senão o instrumento de uma idéia?... Ele amará!... Mas compreenderá, enfim, qual amor é digno do filho desta terra virgem! (*absorto*) Brasil!... Minha pátria!... Quantos anos ainda serão precisos para inscrever teu nome, hoje obscuro, no quadro das grandes nações?... Quanto tempo ainda serás uma colônia entregue à cobiça de aventureiros, e destinada a alimentar com as tuas riquezas o fausto e o luxo de tronos vacilantes?... (*pausa; arrebatado pela inspiração*) Antigas e decrépitas monarquias da velha Europa!... Um dia compreendereis que Deus quando semeou com profusão nas entranhas desta terra o ouro e o diamante, foi porque reservou este solo para ser calcado por um povo livre e inteligente!...

ATO SEGUNDO

(*Sala em casa do doutor Samuel; paredes brancas a cal com florões de pintura a fresco; no fundo alpendre sobre o qual abrem duas janelas e uma porta; à direita e à esquerda portas. Mobília de jacarandá torneado: cadeiras, papeleiras e dois bufetes no proscênio.*)

Cena I

Inês, Daniel *e mendigos*
(*A cena está cheia de mendigos. Inês com uma vassoura querendo varrer a casa.*)

Inês

Ora já viram uma coisa assim?... Mete-se esta súcia de esfarrapados em casa, que não há meio de livrar-se a gente de uma semelhante praga!... Vamos lá, desentulhem o beco, senão... A vassoura fez-se mesmo para varrer o cisco. (*empurra-os debalde*)

Um mendigo
O doutor?

Todos os mendigos
O doutor?

Inês
(*arremedando-os*)
Doutor! doutor!... Ele mesmo é que tem a culpa de aturá-los. (*a Daniel que entra*) Não me livrarás desta corja de malandros, tu que és outro que tal?

Daniel
Vai lá dentro, que voltando não os acharás.

Inês
Ora que partes. (*sai*)

Daniel
(*aos mendigos*)
Irmãos, cheguem-se todos e ouçam, que estes segredos não se dizem em voz alta. O governador trama contra o doutor Samuel; esta manhã seu ajudante aqui veio talvez para prendê-lo: a escolta ficou oculta na cerca do convento. Trouxe cada um seu punhal?

Mendigos
(*à uma*)
Ei-lo.

Daniel
Enquanto a mão puder brandir este punhal, o inimigo não se aproximará do doutor Samuel.

####### Mendigos
Não.

####### Daniel
Nosso corpo será a muralha de sua casa.

####### Mendigos
Sim!

####### Daniel
Vão; deitem-se pelo terreiro. Foi para isto que os chamei aqui. (*saem os mendigos*)

Cena II

####### Daniel e Inês
(*Daniel encosta-se à porta da varanda. Inês entra com a vassoura.*)

####### Inês
Já sumiram-se? Ora graças!

####### Daniel
Onde está o doutor?

####### Inês
No gabinete. (*cantando e varrendo*)

> Varre, varre, rapariga,
> Que o dia já vem raiando;
> Olha que teu amo briga,
> Se te pilha vadiando.

Tem andado esta casa hoje uma desordem!... Ainda não tive tempo para nada, e é já meio sol... Ai!... Ai!...

> Traz a casa asseadinha,
> Tudo limpo em seu lugar;
> Fogo aceso na cozinha
> Mesa posta p'ra almoçar.

Aquele rapaz José Basílio tem idéias! Havia de inventar esta cantiga... Mas é que o Sr. Estêvão diz que ele dá para a trova. Há de ser galante, um padre trovista!

> Varre, varre, rapariga,
> Que o dia já vem raiando...

DANIEL
O doutor ainda estará no gabinete?

INÊS
Se ele fechou-se com o capitão espanhol! Mas que tens tu? Estás com cara de judeu!

DANIEL
Ninguém sabe o que nos trará o dia de hoje, Inês.

INÊS
Arreda com os maus agouros! (*vendo Garcia no alpendre*) Quem será?

Cena III

INÊS, DANIEL *e* GARCIA

GARCIA
(*para fora*)
Olá, amigo! Dê água ao tordilho, e ponha-o à soga!... Onde o vê está com dez léguas no costado. Caramba!

INÊS
Jesus!... Que figura!

GARCIA
O Senhor esteja nesta casa. Adeus, muchacha! Deus o salve, amigo!

INÊS
Sua serva. (*a Daniel*) Que quererá ele?

DANIEL
Pergunta-lhe.

GARCIA
É aqui a pousada do doutor Samuel?

INÊS
Pousada! É aqui que ele mora, mas agora não está em casa.

GARCIA
(*deitando os arreios a um canto*)
Esperarei por ele!

INÊS
Não volta tão cedo.

Garcia
Não faz mal.

Inês
(*a Daniel*)
É caboclo e basta. Birrento como esta casta de gente. (*a Garcia*) Mas o amo não vem hoje.

Garcia
Virá amanhã.

Inês
Nem amanhã, nem depois, nem toda esta semana.

Garcia
É o mesmo; esperarei até que venha.

Inês
E se não vier nunca?

Garcia
Caramba! Espero sempre!

Inês
Pois espere! (*Garcia tira a faca para preparar a palha de um cigarro*) Ai!... Virgem Santíssima!

Garcia
Que dengues são esses, muchacha?

Inês
(*com medo*)
Meu Deus!... Que vai ele fazer?

GARCIA

Nunca viu um homem preparar o cigarro? (*passa a palha à boca, tira o fumo do bolso e o desfaz na palma da mão*)

INÊS

Ah!... Já sei!... É essa erva fedorenta que se fuma!

GARCIA

Erva fedorenta!... O tabaco?... Não sabe o que diz, muchacha. Uma fumaça de cigarro, uma cuia de mate, um beijo de moça, e o meu tordilho por junto, é tudo que há de melhor neste mundo.

INÊS

(*a Daniel*)

Que gentio asselvajado, senhor Deus!... Tu sabes donde vem, Daniel?

DANIEL

Deixa-me!...

INÊS

Iche! Que coisa aborrecida!

GARCIA

Bom; o tordilho tem pasto para muitos dias. Tratemos cá do patrício. (*arranja no fundo à direita uma cama com a xerga e o coxonilho*) Não vai a matar.

INÊS

Que faz aí?

GARCIA

O que vê; estou me preparando para esperar o homem. Caramba! Uma semana não se passa como um dia.

INÊS

Viu-se já coisa semelhante?... Parece que está nas suas quintas... Mas olhe... o amo não tarda a chegar.

GARCIA

Melhor.

INÊS

Portanto não precisa espalhar pela casa toda essa trapalhada!

GARCIA
(*deitando-se*)

Preciso descansar, muchacha; há três noites que durmo a cavalo. (*fazendo um gesto*) Até logo.

INÊS

Está direito!... Dá-se uma sem-cerimônia como esta?... O amo que se entenda com este herege. (*batem na grade*) Há de ser o padre-reitor.

Cena IV

INÊS, DANIEL, GARCIA, FREI PEDRO e JOSÉ BASÍLIO
(*Quando Inês abre a porta entram Fr. Pedro e José Basílio com uma pequena bolsa de dinheiro*)

FR. PEDRO
(*descendo*)
Chegaremos a tempo?

JOSÉ BASÍLIO
(*idem*)
Ainda não é meio-dia.

FR. PEDRO
Estais bem certo que o doutor Samuel fixou esta hora?

JOSÉ BASÍLIO
Repetiu duas vezes.

FR. PEDRO
Deitai esta bolsa sobre aquele bufete; e avisai-o de minha chegada.

INÊS
(*beijando a manga do hábito*)
Com licença de Vossa Reverendíssima. O Sr. doutor me recomendou que quando chegasse o reverendo padre-reitor, lhe pedisse para ter a bondade de esperar.

FR. PEDRO
Bem, filha. (*passeia no alpendre*)

JOSÉ BASÍLIO
(*baixo a Inês*)
Donde saiu aquele bugre?

INÊS
Sei lá! Apareceu aqui de repente, e foi logo tomando conta da casa.

JOSÉ BASÍLIO
E o doutor já o viu?

INÊS
Não. (*sai*)

Cena V

FR. PEDRO, JOSÉ BASÍLIO, GARCIA, DANIEL *e* ESTÊVÃO

JOSÉ BASÍLIO
Ainda estás decidido a partir?

ESTÊVÃO
Não, é impossível agora.

JOSÉ BASÍLIO
Por quê?

ESTÊVÃO
Depois que te deixei houve uma revolução na minha vida.

JOSÉ BASÍLIO
O que se passou então?

ESTÊVÃO
É um segredo que não me pertence, José Basílio.

José Basílio
Então guarda-o, meu amigo.

Fr. Pedro
(*no alpendre*)
José Basílio!

José Basílio
Padre-reitor.

Fr. Pedro
Tornai ao convento, e preveni que não se inquietem com a minha ausência.

José Basílio
(*a Estêvão*)
Está dito! Hoje não faço outra coisa senão ir e vir. Ah! Quando Deus me dará uma vida tranqüila e a liberdade para escrever o que tenho aqui!... (*levando a mão à fronte*)

Estêvão
Tu também sonhas com a liberdade?

José Basílio
E quem pode viver sem ela? Adeus.

Cena VI

Samuel, Fr. Pedro, Daniel e Garcia (*dormindo*)

Samuel
Já viste Constança, meu filho?

Estêvão
Agora mesmo a deixei: ela vos ama como eu.

Samuel
Bem!

Estêvão
Não dissestes que desejáveis falar-me?

Samuel
Sim; quero confiar-te a missão que Deus te destinou; porém antes, deixa-me ouvir estes homens que me esperam. Sabes o que eles representam, Estêvão?

Estêvão
Como posso eu sabê-lo, senhor?

Samuel
É verdade, ainda ignoras! Estes homens são os três elementos poderosos que Deus colocou em minha mão para a realização de um grande pensamento. Ei-los... Um velho frade, um pobre cigano, um índio adormecido. Quem diria vendo estas três criaturas aqui, reunidas neste momento pelo acaso, que elas são as pedras angulares de um majestoso edifício, novo capitólio do alto do qual uma nação poderosa dará leis ao mundo!... Ei-los!... A religião, a miséria, a raça!... E tu, Estêvão, tu serás a inteligência que há de dirigi-las, o espírito que as deve animar, a vontade que as governará até que chegue o momento!...

Estêvão
Entendo as vossas palavras, senhor; mas o seu alcance escapa à minha inteligência.

SAMUEL

Aquele hábito, meu filho, quer dizer vinte mil jesuítas espalhados pela terra e dominando a consciência do universo; aquele cigano significa um povo numeroso, proscrito, sem pátria, disposto a morrer por aquele que lhe prometer um abrigo neste mundo onde é estrangeiro; aquele índio simboliza a raça indômita e selvagem da América, pronta a reconquistar a liberdade perdida. Compreendes agora?

ESTÊVÃO
Oh!... Compreendo! Mas como esse poder imenso acha-se em vossas mãos, senhor?

SAMUEL
Volta em meia hora; eu to direi.

Cena VII

SAMUEL, FR. PEDRO, DANIEL, GARCIA e INÊS
(*Inês entra, acorda Garcia, e fecha as janelas. Daniel chega-se apressadamente a Samuel*)

DANIEL
Vossa vida corre perigo neste momento!

SAMUEL
Por quê?

DANIEL
Vi soldados escondidos na cerca do Convento da Ajuda.

SAMUEL

Que tem isso?

DANIEL

O governador esta manhã rondou as vizinhanças de vossa casa.

SAMUEL

Ah! Já tardava!... Espreita o que se passa fora, e previne-me a tempo.

DANIEL

Podeis ficar tranqüilo. Alguns de meus irmãos velam em torno, disfarçados em mendigos; e enquanto o último de nós conservar um pulso para brandir o punhal, ninguém se aproximará de vossa pessoa.

SAMUEL

Bem; confio em tua dedicação. (*dirigindo-se à varanda*) Vinde padre-reitor. (*a Garcia*) E vós amigo, ide continuar o sono interrompido.

GARCIA
(*à puridade*)
Venho das Missões.

SAMUEL
(*idem*)
Sei. Há quanto tempo deixastes o Paraguai?

GARCIA

Há um mês; andei dia e noite.

Samuel
Ide: careceis de repouso; depois falaremos. (*fecha a porta*)

Cena VIII

Samuel *e* Fr. Pedro

Samuel
Recebi vossa carta, padre-reitor, e agradeço-vos a prova de confiança que me dais consultando-me em objeto tão grave.

Fr. Pedro
Não tendes que agradecer-me, doutor Samuel. Nisto cumpro uma ordem do Geral da Companhia de Jesus ao reitor da casa do Rio de Janeiro que manda-me ouvir-vos nas coisas importantes da comunidade.

Samuel
Já me falastes desta ordem; mas, em todo o caso, é sempre uma deferência de vossa parte.

Fr. Pedro
Não; é um dever; e cumpro-o com satisfação pela amizade que vos consagro.

Samuel
Tratemos do que importa. Esse aventureiro tem realmente um segredo, mas faz dele uma mercancia. Pareceu-me conveniente comprá-lo; e por isso vos mandei aviso.

Fr. Pedro
E virá ele?... Disse-me José Basílio que esta manhã, antes de chegardes, ameaçou de ir ao governador.

Samuel
Soube disto; mas não era preciso. O homem que traz um segredo de importância, é uma carta que deve ser entregue em mão própria; e que, depois de lida, inutiliza-se, quando convém. (*levanta-se*) O aventureiro está neste gabinete à vossa disposição; podeis interrogá-lo quando quiserdes.

Fr. Pedro
Conseguistes retê-lo aqui tranqüilo durante todo este tempo?... Exerceis uma influência irresistível sobre quantos vos cercam, doutor Samuel!

Samuel
Não há homem que não tenha o seu calcanhar de Aquiles. O espanhol gosta do vinho; e sabeis, frei Pedro, quanto é fácil que esse companheiro de prazer nos faça seu escravo.

Fr. Pedro
Ah! usastes deste meio?

Samuel
É tão vulgar!... (*na porta*) Capitão!...

Cena IX

Samuel, Fr. Pedro e D. Juan

D. Juan
Ora, finalmente! Vamos acabar com isto?

Samuel
Frei Pedro da Luz, reitor do colégio da Companhia, está pronto a ouvir-vos.

D. Juan
Maldito vinho!... Ainda sinto a cabeça andar-me às voltas! (*Samuel senta-se à mesa*)

Fr. Pedro
Sr. capitão, impusestes como condição de revelação do segredo de que sois sabedor, a soma de mil cruzados; aqui estão sobre esta mesa, eles vos pertencem, se, como dizeis, o que tendes a comunicar-me for em verdade importante.

D. Juan
Julgareis por vós mesmo. Vou contar-vos o que se passou até o momento em que vi aquilo que eu tenho por um segredo de grande alcance para a vossa Ordem. Se entenderdes que vale a pena, muito bem, digo-vos a última palavra, já se sabe, com a mão sobre a bolsa; se não, meia volta à direita: cada um seu rumo.

Fr. Pedro
Aceito; podeis começar. (*sentam-se. Samuel finge escrever*)

D. Juan
Sabeis que o galeão em que vim saiu de Lisboa repentinamente e com um prego do próprio punho do ministro?

Fr. Pedro
Não; ignorava esta circunstância. (*Samuel escreve*)

D. Juan
Pois ela deu-se. Ao mesmo tempo saíram dois outros navios que nos deixaram no terceiro dia. Foi então que soubemos que o nosso destino era o Rio de Janeiro. A bordo do *S. Martinho* só havia dois passageiros; este seu criado, que embarcou sem saber onde o levavam; e um rapazito, oficial mecânico na aparência.

Samuel
Por que dizeis na aparência?

D. Juan
Porque realmente era um noviço da Companhia de Jesus disfarçado em aprendiz.

Fr. Pedro
(*vivamente*)
E o descobriram?

D. Juan
(*sorrindo*)
No fim da viagem apenas. O sargento-mor teve denúncia de um marujo que o viu às ocultas agarrado com a Sagrada Escritura.

Samuel
(*a meia voz*)
Imprudente! (*D. Juan volta-se*)

FR. PEDRO
Como! Só por isso?

D. JUAN
Achais que é pouco?... Um aprendiz de vinte anos letrado?...

FR. PEDRO
E o que sucedeu depois daquela denúncia? Deveis sabê-lo.

D. JUAN
Sucedeu que o sargento-mor em pessoa saiu às onze horas da noite de sua câmara e veio bater à porta do beliche do rapaz, que era vizinho ao meu. Curioso de saber o que ia passar, abri com o punhal uma fresta no tabique, e olhei.

FR. PEDRO
Então?

D. JUAN
O rapaz mal ouviu a voz do sargento-mor, que batia à porta, ergueu-se de um salto! Tirou do seio um relicário, rasgou-o com os dentes, e tirou uma tira de pergaminho, que aproximou da candeia. À luz que o reduzia a cinzas, vi escrito em letras de fogo...

FR. PEDRO
Acabai!

D. JUAN
Vi... Vi... Nada; com jesuíta não há que fiar.

Fr. Pedro
O que vistes? Dizei!

D. Juan
Cuidei que o padre-reitor tinha entendido. Chegamos ao ponto capital. O que eu vi naquele momento é o segredo. Quereis ou não dar o preço convencionado?

Fr. Pedro
Tomai!... tomai!... E concluí de uma vez!

D. Juan
Isto agora é outro cantar. Atendei. Vi no pergaminho, como vos estou vendo, o seguinte: na primeira linha três letras iniciais – um M –, um T –, um P –. Depois esta data: – *Quatorze de novembro* – e assinado: – G. M.

Samuel
Gabriel Malagrida!

D. Juan
Justo!

Fr. Pedro
Quatorze de novembro!... Que pode ser isto?... E não vistes nada mais?

D. Juan
Nada... Ah!... Vi ainda o sargento-mor deitar a porta dentro e apoderar-se do rapaz.

Fr. Pedro
Que é feito dele? Está aqui no Rio de Janeiro?

D. Juan
Não sei. O mar e a noite guardam um segredo que não me pertence.

Fr. Pedro
É incompreensível!

D. Juan
A falar a verdade não está muito claro, mas que o negócio é importante não resta dúvida! Basta ver que traças não empregaram os padres em Lisboa para arranjarem a ordem de passagem do noviço rubricada pelo próprio ministro. Ou me engano, ou é alguma notícia de empenho que eles vos mandavam.

Fr. Pedro
De que serve esta notícia, se não posso entendê-la?... se não sei o que ela significa?

D. Juan
Isto lá não me pertence. Disse o que vi, adivinhai o resto.

Fr. Pedro
Como, meu Deus, como decifrar semelhante enigma?... Mas... Quem sabe?... Talvez esquecêsseis alguma coisa!... Talvez houvesse no papel alguma palavra!

D. JUAN

Não tenho a honra de pertencer à Companhia de Jesus, porém, possuo excelente vista e não sou dos mais pecos. (*tirando a espada com a bainha*) Quanto vi aqui está na bainha da minha espada, onde o risquei com a ponta do punhal naquele mesmo instante. (*Samuel ergue-se e olha por cima do ombro do espanhol, enquanto Fr. Pedro examina a bainha da espada*)

FR. PEDRO

Não há dúvida: M.T.P.

D. JUAN

Tive o cuidado... Podia esquecer-me; e eu adivinhei logo que isto bem apurado deixaria alguma coisa. (*batendo na cinta*) Cá está, e por sinal que ainda não as contei. (*tira a bolsa e conta as moedas*)

FR. PEDRO

Podeis verificar; achareis a soma convencionada.

D. JUAN

Está exato. E agora creio que já não sou preciso aqui?

FR. PEDRO

Quereis retirar-vos?

D. JUAN

Se me dais licença.

FR. PEDRO

Onde poderei mandar pelo senhor capitão?

D. JUAN

Em toda a parte; o que quer dizer que em parte alguma.

FR. PEDRO

Se carecer falar-vos?

D. JUAN

Com a mesma condição? (*batendo na bolsa*)

FR. PEDRO

Certamente.

D. JUAN

Ah! neste caso me encontrareis sempre às vossas ordens no jogo da bola de Bento Esteves à rua do Alecrim. É lá que me aboletei.

FR. PEDRO

Bem.

D. JUAN
(*cortejando*)

Seu venerador, padre-mestre!... Senhor doutor... (*dirige-se à porta que depois de sua saída é fechada por Fr. Pedro*)

SAMUEL
(*refletindo*)

Sim!... Gabriel Malagrida depositou naquele pergaminho o seu pensamento. Ah! se eu tivesse diante dos meus olhos, em vez deste papel, as letras misteriosas que ele traçou, talvez uma centelha de seu espírito me iluminasse!

Cena X

Samuel e Fr. Pedro

Fr. Pedro
Ouvistes? (*Samuel faz um sinal afirmativo*) Compreendeis o que significa isto?

Samuel
Não!... Interrogo este papel, e nada me responde. Será possível, meu Deus?... Será possível que a vontade do homem, a quem deste a força de governar o mundo, não possa arrancar destes caracteres mudos a verdade que eles ocultam? Será possível que o pensamento, esse raio de tua luz divina, que esclarece o universo, não possa descobrir a idéia envolta nestas três letras? (*reflete*)

Fr. Pedro
Oh!... é escusado! Isto excede os limites da sabedoria humana.

Samuel
Não, frei Pedro! Deus fez a inteligência onipotente como ele, porque a inteligência não é senão o reflexo de sua razão suprema!... E este reflexo eu o sinto aqui!... Oh! eu o quero... Eu o saberei!

Fr. Pedro
Não vos fatigueis, meu amigo; depois, quando estivermos mais calmos, refletiremos.

SAMUEL

Acaso me enganaria? A luz que me abria os vastos horizontes do pensamento extinguiu-se de repente, deixando meu espírito em trevas!... Perdeste as asas com que devassavas o mundo, minha inteligência?... (*com desânimo*) Deus puniu-te em teu orgulho.

FR. PEDRO

Repito-vos, Samuel, é inútil.

SAMUEL

Mas... o meu cérebro ainda trabalha!... Sim... Eu ainda penso!... O caos fermenta... lembro-me... (*com os olhos no papel*) Uma idéia... a Bíblia... Daniel... Babilônia!... (*levanta-se com expressão de júbilo*) Ah!

FR. PEDRO

O que tendes?... O que é?...

SAMUEL

Quatorze de novembro! Eu leio agora neste papel como se a mão do anjo do Senhor gravasse aí em letras de fogo a palavra do profeta; como se a voz possante do Apocalipse me bradasse ao ouvido a sentença do juízo final!... Quatorze de novembro! Compreendeis, frei Pedro?

FR. PEDRO

Não! Não posso compreender-vos, meu amigo!

SAMUEL

Pois não vedes ali o dia da ruína, o *dies iræ* da destruição, o dia da proscrição dos jesuítas no reino do Brasil? Nestas três letras, não ledes o MANE, TECEL, FARES, que a mão de Deus gravou sobre os muros da Babilônia, e que a vingança de um homem vai escrever nas paredes de vosso convento?

FR. PEDRO
Que dizeis, Samuel!... Os jesuítas expulsos do Brasil?... Não o creio! É um delírio da vossa imaginação.

SAMUEL
É a verdade! Oh! Um momento o meu espírito debateu-se nas trevas; duvidei de mim! Mas Deus iluminou-me, rompeu-se o véu, e tudo me aparece agora claro. Fecho os olhos e vejo... (*como enxergando uma visão*) Ei-lo! O busto severo do ministro onipotente que medita a sua obra de destruição. Uma auréola de triunfo resplandece em sua larga fronte. Ele sorri e estende a mão! A mão poderosa que ergueu a nova Lisboa das ruínas do terremoto, que lutou contra a Inglaterra e curvou Portugal a seus pés!... Traça algumas linhas: é a sentença da proscrição; é a condenação dos jesuítas. O rei assinou, só falta executá-la!...

FR. PEDRO
Meu Deus!

SAMUEL
Cuidais que o marquês de Pombal vai entregar esta missão a agentes subalternos, como se fosse uma lei vulgar? Não! No orgulho de seu poder este homem tem a pretensão de imprimir a seus atos a força irresistível, rápida e fatal que Deus deu aos ele-

mentos: quer ferir como raio, como a peste; quer que no mesmo instante, a mil léguas de distância, a sua vontade se realize como um decreto da Providência.

Fr. Pedro
(*abatido*)
Julgais então que no mesmo dia...

Samuel
No mesmo dia e à mesma hora! A quatorze de novembro os jesuítas serão presos em todo o Brasil.

Fr. Pedro
Mas, doutor Samuel, explicai-me como tivestes semelhante idéia?

Samuel
Não posso agora descrever a elaboração do meu espírito para chegar à certeza moral. Não se descreve o caos, não se descrevem as lutas da natureza em convulsões: assim também não se descreve a gestação do pensamento quando suscita do nada o átomo que depois se torna uma idéia. Porém, se quereis saber o que leio nestas palavras truncadas, vou explicar-vos.

Fr. Pedro
Sim, esclarecei-me, porque o meu espírito se perde.

Samuel
Gabriel Malagrida soube o segredo da extinção dos jesuítas, e quis prevenir-vos para que salvásseis da confiscação o vosso tesouro.

Fr. Pedro
Que tesouro?

Samuel
O que possui a Ordem na sua casa do Castelo.

Fr. Pedro
Mas eu ignoro onde se acha.

Samuel
É um segredo que alguém deve saber. Não conheceis o governo do Instituto?

Fr. Pedro
É verdade.

Samuel
Antes de promulgar a lei, o ministro manda ao Brasil ordem para que a execução tenha lugar no mesmo dia. Então Gabriel obtém uma passagem e faz partir o noviço que trazia um relicário com as letras que só vós podíeis compreender. Para esclarecer o vosso espírito, mostrou a esse menino o versete de Daniel que ele devia indicar-vos quando chegasse. Finalmente, por excesso de prudência, recomendou-lhe que, no caso de perigo, rompesse o relicário, decorasse as palavras do pergaminho, e destruísse as provas materiais que o podiam comprometer. Eis a razão por que esse menino lia a Bíblia; eis a razão por que ele desapareceu; eis a razão por que partem de Lisboa ao mesmo tempo três navios cujos destinos se ignoram. Duvidais ainda?

Fr. Pedro
Não! Não duvido! Admiro-vos, doutor Samuel! Porém, que devo fazer? Aconselhai-nos; mais do que nunca precisamos de vossa experiência.

Samuel
Tranqüilizai-vos; estamos a 29 de outubro, temos ainda quinze dias. Daqui até lá muitos acontecimentos podem sobrevir, que mudem a face das coisas. Voltai ao convento. Sobretudo, nem uma palavra, nem um gesto que revele o segredo.

Fr. Pedro
Não era preciso recomendar-me. Entrego em vossas mãos nossa causa; só vós nos podeis salvar. Quando nos veremos?

Samuel
Breve. (*sai frei Pedro*)

Cena XI

Samuel e Daniel

Samuel
(*só*)
Tu ousaste, Sebastião de Carvalho?... E tiveste razão! Trocadas as posições, eu ministro de Portugal, faria o mesmo, e abateria de um golpe o poder colossal que te ameaçava! Mas ainda não venceste, não! Podes rasgar o hábito e matar o frade, mas o homem do futuro viverá! Oh! ainda não venceste, não!... (*Daniel aparece no fundo*) Que há?

DANIEL
Por ora, nada; mas é bom acautelar-vos.

SAMUEL
Não te inquietes. Que tens feito? Como vai o teu plano?

DANIEL
Bem; neste momento existem no país, pelo menos, vinte mil dos nossos irmãos; outros tantos já deixaram a Boêmia e se encaminham à Espanha, donde contam passar ao Brasil.

SAMUEL
E nesta cidade, quantos?

DANIEL
Cinco mil espalhados pelos arredores, mas prontos ao menor sinal.

SAMUEL
Assim, se eu quisesse...

DANIEL
Podíeis contar com vinte mil homens dispostos a conquistar uma pátria. Basta um ano para reuni-los no lugar que determinardes. Dizei uma palavra!

SAMUEL
Não; ainda não é tempo; ainda não chegou o momento em que esta terra deve abrir o seio de mãe, onde vossos irmãos vagabundos descansarão da longa peregrinação que têm feito pelo mundo. Eu vos

prometi uma pátria. Juro que a tereis, uma bela e nobre pátria. Filhos da Ásia, achareis nela o sol do Oriente com todo o seu esplendor, a natureza em sua pompa, a vida cheia de força, de poesia e de liberdade! Mas esperai!

DANIEL
Esperaremos. Quem tem esperado séculos, não conta alguns anos que faltam ainda...

SAMUEL
Sois atualmente vinte mil. É pouco para este imenso território em que a Providência vos concede um asilo; continuai a imigração, reuni aqui todas as tribos que vivem esparsas pela Europa, chamai todos os vossos irmãos; e quando fordes cem mil, duzentos mil, então...

DANIEL
Não tardará muito esse dia. Em menos de cinco anos não haverá em toda a Europa um só filho da Boêmia. Nossa raça proscrita, dispersa, se refugiará neste canto do mundo, que será para ela a terra de redenção. Só pedimos um solo onde plantar nossa tenda. (*entra apressadamente um mendigo que fala ao ouvido de Daniel*)

SAMUEL
Contai comigo.

DANIEL
O governador dirige-se para aqui. Este irmão o viu.

Samuel
Deixai-o vir. Ainda não chegou o momento de nos encontrarmos face a face: ele, o poder da velha Europa; eu, a alma da jovem América. (*saem*)

Cena XII

Inês *e* Constança

Inês
(*para fora*)
Entrai, entrai; não há ninguém.

Constança
Faço mal!... O doutor pode ver-me!

Inês
Ele está recolhido; não sai agora.

Constança
Quem é este homem que me viu entrar?

Inês
É um pobre cigano, Daniel. Não vos conhece.

Constança
E aqueles soldados que passavam não me terão visto?

Inês
Ainda estavam tão longe!

Cena XIII

ESTÊVÃO e CONSTANÇA

ESTÊVÃO
Constança, aqui?

CONSTANÇA
Sim, meu amigo; corri sem saber o que fazia!... Queria dar-lhe uma alegre nova e saí na esperança de vê-lo; Inês obrigou-me a entrar. Fiz mal?

ESTÊVÃO
Não; aqui junto de mim pode estar tranqüila; será respeitada. Que nova é essa que vinha anunciar-me?
(*Inês sai*)

CONSTANÇA
Não vê como sou feliz?...

ESTÊVÃO
Por quê? A não ser a felicidade de poder amá-la, e que para mim é imensa, qual outra nos pode vir?

CONSTANÇA
A de não nos separarmos mais nunca, Estêvão! Ele consente.

ESTÊVÃO
(*surpreso*)
Ele quem? Seu protetor?

CONSTANÇA

Sim! Eu bem lhe disse que ele era bom, que me queria. Depois que me deixou, Estêvão, fiquei tão contente por saber que fora apenas um mau sonho quanto se tinha passado!... Fiquei tão contente que chegando ele, cobrei ânimo e contei-lhe tudo...

ESTÊVÃO

Tudo? Disse-lhe que nos amávamos? Fez mal, Constança. (*Daniel entra precipitado, pára no meio da cena e passa à direita sem que o percebam*)

CONSTANÇA
(*com arrufo*)

Fiz muito bem!... (*sorrindo*) Ele me escutou; depois sorriu. – "Tu o amas muito?", perguntou-me. – "Como ao senhor", respondi-lhe. Então sentou-me em seus joelhos e disse-me: – "Estou certo que o teu coração não escolheria um homem que o não merecesse. Se esse homem for digno de ti, como suponho, confiarei dele a tua ventura."

ESTÊVÃO

Ah! E chama a isso felicidade, minha Constança. Como seu amor se ilude!... Julga-me digno de si, mas seu protetor, que vê com os olhos da razão, lhe falará outra linguagem, quando souber quem sou.

CONSTANÇA

Por que não me deixa acabar? Disse-lhe que Estêvão é pobre; e sabe o que ele respondeu-me?

ESTÊVÃO

Adivinho.

CONSTANÇA

Não é o que pensa, não! Respondeu-me que a riqueza não vale uma alma nobre; que esta só Deus a dá e pode tirar; enquanto que a outra o homem adquire com o seu trabalho e pode perdê-la a todo instante.

ESTÊVÃO

Respondeu-lhe isto, Constança?

CONSTANÇA

Respondeu-me, sim. Ele quer vê-lo e conhecê-lo.

ESTÊVÃO

A mim?... Para quê?...

CONSTANÇA

Oh! não recuse!... Eu lhe peço. Ele prometeu-me que o protegeria, e lhe faria seguir uma bela carreira. (*o Conde de Bobadela aparece no fundo*)

ESTÊVÃO

Qual é essa carreira? Não o disse?

CONSTANÇA

Espere! Não me interrompa. Prometeu-me também... são suas palavras: "Quando esse mancebo for um cavalheiro brioso e valente, eu mesmo lhe darei tua mão"... Olhe que não sou eu quem fala... "lhe darei tua mão como primeira recompensa de seu valor".

ESTÊVÃO

Constança!... Não faça-me crer na ventura, para sofrer depois um cruel desengano. Sua memória a ilude! (*o alpendre enche-se de soldados com Miguel Correia, que entra à direita sem fazer rumor*)

Constança
Ainda ouço suas palavras, ainda escuto a sua voz grave e doce. (*o conde de Bobadela adianta-se*)

Estêvão
Quem sabe? É talvez uma promessa vaga, feita unicamente para não contrariá-la.

Cena XIV

Conde de Bobadela, Estêvão e Constança

Conde
A promessa que fiz a esta menina, eu a renovo e confirmo.

Constança
Ouve?... É ele, Estêvão.

Estêvão
Ele!... O Sr. governador!...

Conde
Acaso este título me roubará o de vosso amigo, que desejo?

Estêvão
Perdão, senhor; mas... a admiração... o respeito.

CONDE

Interesso-me por seu futuro, Estêvão. A razão já deve saber. (*aponta para Constança*) Os olhos que falam à sua alma têm grande poder sobre o meu coração. Ama esta menina?

ESTÊVÃO

Como amaria minha mãe se a conhecesse. Mas receio não ser digno dela!

CONSTANÇA
(*baixo ao conde*)
Não lho disse? Ele é nobre e modesto.

CONDE
(*a Estêvão*)
Este sentimento o honra, mas não deve desanimar; é preciso que mereça aquela que ama.

ESTÊVÃO
É o meu ardente desejo, senhor!

CONDE

É moço; leio em sua fisionomia inteligência e coragem. Se lhe falta um passado, tem diante de si um longo futuro. Faça-o tão belo que ele possa reparar os erros de seus pais e encher de orgulho a mulher que Deus lhe der por companheira.

ESTÊVÃO

O que é preciso fazer para isto? Estou pronto! Apontai-me o caminho!

CONDE

O caminho!... Não o vê diante de seus olhos? Nos sonhos de sua imaginação juvenil não brilha uma estrela que o atrai e o fascina?

ESTÊVÃO
(*eletrizado*)
Sim!... Sim!... A glória!...

CONSTANÇA
(*a meia voz*)
Eu pensava que era o amor! (*o conde que tem remontado para observar o interior, volta*)

CONDE
(*a Estêvão*)
É mais que a glória, Estêvão; é o dever. O homem pertence à sua pátria e ao rei: uma é sua mãe o outro seu senhor na terra. Quem tem estes dois bens supremos não deve lamentar uma vil e mesquinha abastança. Siga os exemplos que lhe dão tantos cavalheiros portugueses. Conquiste por seu valor o heroísmo daquilo que a fortuna lhe negou. Crie um passado nobre e ilustre; encha a sua existência de feitos brilhantes. Falta-lhe um nome! Pois bem; já que seus pais se esqueceram de escrevê-lo sobre um assento de batismo, grave-o com a ponta de sua espada nos muros de uma praça tomada de assalto, ou num campo de batalha.

ESTÊVÃO

Oh!... Juro que o farei, senhor! Mas a espada!... (*com desânimo*) Não a tenho!

CONDE

Tome esta; é uma espada leal, que nunca saiu da bainha senão para a defesa de uma causa justa. Quero depositá-la em suas mãos; restituir-me-á quando seu valor conquistar uma mais ilustre.

ESTÊVÃO
(*com efusão*)
Ah! (*beija a espada*) Não sei o que se passa em mim!... Tocando a guarda desta valente espada, o meu braço se anima com um vigor invencível.

CONSTANÇA
(*docemente e à puridade*)
Não vá agora amá-la mais do que a mim, à sua espada!

ESTÊVÃO
Não tenha ciúmes, Constança! Eu não a quero senão para um dia oferecer-lha como o tributo do meu amor.

CONDE
Muito bem, mancebo. Procure-me amanhã em palácio; dir-lhe-ei então para que o destino.

ESTÊVÃO
E eu desde já afianço que saberei corresponder à confiança de V. Exa. Suas palavras fizeram de mim um homem; seu exemplo fará o resto. (*o governador remonta*)

CONSTANÇA
Veja que eu tinha mais confiança em nosso amor?

ESTÊVÃO
Porque é um anjo, minha Constança; um anjo a quem Deus deu o poder de inspirar nobres pensamentos. (*entra Miguel Correia*)

CONDE
Então?

CORREIA
Nada, Sr. general.

CONDE
Procurastes tudo?

CORREIA
Corri toda a casa e só encontrei a caseira, um índio que evadiu-se, e estes mendigos.

CONDE
Interrogai-os; eles devem saber. (*a cena enche-se de soldados*)

CONSTANÇA
(*voltando-se assustada*)
O que se passa aqui?... Que querem estes homens?

ESTÊVÃO
(*surpreso*)
É verdade! Cometeu-se porventura algum crime aqui?

CONDE
Não, Estêvão, mas a causa de nosso rei exige um grande serviço neste momento; é chegada a ocasião de estrear a carreira que lhe destino.

ESTÊVÃO
Falai, senhor!

CONDE
Sabeis onde está o doutor Samuel?

ESTÊVÃO
É a ele que procuram?

CONDE
Responda-me, Estêvão; responda-me a verdade.

ESTÊVÃO
Nunca menti, senhor.

CONDE
Faço-lhe esta justiça; mas a necessidade, a afeição...

ESTÊVÃO
Não há razão que me obrigue a cometer semelhante vileza.

CONDE
Sabe onde se acha neste momento o doutor Samuel?

ESTÊVÃO
Sim, senhor conde!

CONDE
Com toda a certeza?

ESTÊVÃO
Creio que sim.

CONDE
Bem! Diga-me o lugar! Guie-me. Esse homem é o maior inimigo da vossa pátria e do vosso rei!

ESTÊVÃO
Senhor conde! Destes-me uma espada para que eu defendesse uma causa justa e não para que eu a trouxesse como o preço de uma infâmia. Esse homem é meu pai; Deus mo deu em troca de outro que a natureza negou-me; eu o amo, respeito e admiro. Bem vedes que é impossível o que exigis.

CONDE
(*irado*)
Rebelde!

CONSTANÇA
(*ao conde*)
Não se zangue com ele, eu lho suplico!

CONDE
(*a Constança*)
Tranqüiliza-te! (*a Estêvão*) A sua ação imprudente é de um mancebo de brio; e eu não posso condená-lo. Somente advirto-o que a companhia desse homem torna-se perigosa neste momento.

Estêvão
É justamente por isso que devo acompanhá-lo e partilhar a sua sorte, qualquer que ela seja. Não me aprova, Constança?

Constança
Eu?... Eu quero a sua felicidade.

Conde
(*a Correia*)
É uma natureza altiva e um nobre coração! Farei deste homem alguma coisa! (*a Estêvão*) Vamos, senhor, acompanhe sua noiva.

Estêvão
Ah! será possível?... Julgava ter perdido a estima de V. Exa.

Conde
Ao contrário; ganhou a minha amizade.

Constança
Vem, Estêvão! (*saem Estêvão e Constança*)

Cena XV

Conde, Correia *e soldados*

Conde
Tenho, enfim, o meio de apoderar-me dele!

CORREIA
Como! Este mancebo?...

CONDE
Sim! É o unico de quem ele confia o segredo de sua vida criminosa! (*entram os soldados*)

OFICIAL
Procuramos tudo e debalde!

CORREIA
Teve aviso, naturalmente.

CONDE
Oh! ainda me escapará desta vez! Há dois anos que procuro este homem, e quando julgo tê-lo em minha mão, se desvanece como uma sombra! (*pausa*)

CORREIA
Que ordenais, senhor general?... Quereis que se arrase esta casa?

CONDE
Não; sei o que me resta fazer! Vinde! (*saem todos*)

Cena XVI

SAMUEL, DANIEL *e ciganos*
(*A cena fica um momento deserta; depois abre-se uma porta falsa e aparece Samuel; entram Daniel e ciganos.*)

Daniel

Estais salvo!

Samuel

Sim; o corpo salvou-se; mas levaram-me a alma! Sem ele, sem essa ressurreição de minha vida, o que sou eu? Uma sombra!... Meu Deus! Por que dando ao homem a inteligência e formando-o à tua imagem, lhe deixaste um coração?...

ATO TERCEIRO

(*Consistório do colégio dos jesuítas. No fundo porta larga; à direita uma porta com grade de ferro; à esquerda portas de comunicações. Vai escurecendo gradualmente.*)

Cena I

José Basílio e Estêvão

José Basílio
(*escrevendo*)
É escusado; nunca serei poeta! (*amarrota o papel*)

Estêvão
(*entrando*)
José Basílio!

José Basílio
Ah! pensei que já me tinhas esquecido. Quinze dias!... Que fizeste todo este tempo?

ESTÊVÃO
Não vês em mim alguma mudança?

JOSÉ BASÍLIO
É verdade! Trazes farda e espada! Estás militar?

ESTÊVÃO
Desde ontem.

JOSÉ BASÍLIO
Assim, os teus sonhos de glória realizaram-se!

ESTÊVÃO
Os meus sonhos de glória e também os meus sonhos de amor.

JOSÉ BASÍLIO
Como foi isto? Conta-me; sabes que eu tenho direito, como teu amigo, à metade dessa ventura.

ESTÊVÃO
Lembras-te do dia em que tentaram prender o doutor Samuel? Pouco depois que me deixaste, Constança veio dar-me uma alegre esperança, e eu, ainda incrédulo, recusava abandonar-me a ela quando de repente ouço a voz do conde de Bobadela, que vinha confirmar a minha felicidade.

JOSÉ BASÍLIO
Mas que tinha o conde com teu amor?

ESTÊVÃO
Não sabes? Constança é órfã e protegida pelo governador; ele consentiu que eu a amasse e deu-me

esta espada para que enobrecesse o nome que há de pertencer à minha esposa!

José Basílio
Como deves ser feliz!

Estêvão
Feliz! Não o sou completamente, José Basílio.

José Basílio
Por que razão?

Estêvão
Cuidas que posso ser indiferente à perseguição que se faz ao homem a quem devo tudo neste mundo? No meio da minha felicidade sinto um remorso por tê-lo abandonado, a ele, que me quer como um pai! Oh! só o amor e a glória podiam disputar-me a tão santa amizade.

José Basílio
Mas tu não o abandonaste, Estêvão. Algum dia tinhas de seguir uma carreira; aquela para que ele te destinou não te agradava; escolheste outra tão nobre e mais bela talvez!

Estêvão
Não avalias a dívida de afeição que contraí com esse homem, José Basílio; senão havias de compreender o que sinto. Ele não me alimentou o corpo unicamente; deu-me alguma coisa de seu espírito; e agora que talvez precisa dessa alma por ele criada

para acompanhá-lo na desgraça, é quando ela foge e o deixa só! Não devo ter remorsos?

José Basílio
Por que não lhe falas?... Obterás dele o consentimento?

Estêvão
A isto vim hoje aqui; esperava encontrá-lo. Quero pedir-lhe perdão, e levar a sua bênção para santificar as minhas esperanças. Não o tens visto?

José Basílio
Apenas uma vez depois daquele dia.

Estêvão
Não sabes se ele costuma vir ao Colégio?

José Basílio
Todas as noites, se não me engano; mas é um segredo que surpreendi.

Estêvão
A que horas?

José Basílio
Logo que escurece. Acho bom que te dirijas ao reitor.

Estêvão
Sim; Frei Pedro conhece-me; sabe como amo o doutor Samuel, e não me há de recusar. Ainda é cedo;

tenho tempo de ir à Ajuda, hoje não vi Constança.
Mas fala-me de ti, nada me disseste!

JOSÉ BASÍLIO

Que te hei de eu dizer?... Que sou feliz da tua felicidade!

ESTÊVÃO

E não tens também alguma esperança que se possa realizar?

JOSÉ BASÍLIO

Contento-me com a minha sorte, Estêvão, e deixo correr o mundo como Deus quer.

ESTÊVÃO

Que excelente gênio, o teu! Estás sempre alegre! Nada desejas, nada ambicionas.

JOSÉ BASÍLIO

Que queres, meu amigo? Quando perdi minha pobre mãe aos oito anos, fiquei ao desamparo; e estaria hoje feito tropeiro, ou tocador de porcos em Minas, se os padres de Mariana não me recolhessem. Vim depois para esta casa onde ensinaram-me o pouco que sei; aqui alimentam-me, agasalham-me e destinam-me para alguma coisa, segundo eles dizem! Que posso desejar mais?

ESTÊVÃO

Porém dize-me: às vezes não te sentes oprimido entre estas paredes nuas; não tens necessidade de respirar o ar livre, e gozar do mundo que vês de longe através das grades de tua cela?

José Basílio

Oh! sim! Há momentos em que este hábito queima-me o corpo; em que eu daria tudo o que sei pela ignorância e liberdade do menino que brinca nas chácaras da Ajuda, embaixo do morro.

Estêvão

E que fazes então que não abandonas esta casa e não segues a tua aspiração?...

José Basílio

Que faço?... Nesses momentos peço a Deus que me dê a força de suportar este duro cativeiro, e para esquecer o que sofro, tomo uma pena e escrevo.

Estêvão

Fazes versos?

José Basílio

Aprendo a fazê-los. Não sei o que me diz... Mas... Olha, Estêvão; creio que algum dia escreverei alguma coisa.

Estêvão
(*sorrindo*)

Um poema?

José Basílio

Não sei. (*entra Garcia furtivamente*)

Estêvão

É quase noite; até logo.

José Basílio
Já vais?

Estêvão
Pouco me demoro; é só vê-la!

Cena II

Garcia e Daniel
(*Escurece. Garcia, apenas sai José Basílio,
vai fechar as portas.*)

Daniel
(*com uma lanterna*)
Já está escuro.

Garcia
Oh! Donde saiu esta figura?

Daniel
Que faz nesta sala?

Garcia
Caramba! Sou eu que lhe pergunto o que vem fazer.

Daniel
Não é da sua conta.

Garcia
Pois vá saindo por onde entrou; não gosto de companhia.

DANIEL
Menos eu. Dou-lhe cinco minutos para esvaziar o beco.

GARCIA
Cinco minutos! Passo aqui a noite!

DANIEL
Também eu! Durmo nesta sala.

GARCIA
Sabe que mais, hombre?... Estou quase atirando-o pela janela.

DANIEL
E eu tenho minhas tentações de coser-lhe a pele com esta agulha.

GARCIA
Pois caia, amigo.

DANIEL
Nada; fará barulho, e virá gente.

GARCIA
Hombre!

DANIEL
(*ao mesmo tempo*)
Escute.

GARCIA
Que temos?

DANIEL
Pode falar.

GARCIA
Nada; comece.

DANIEL
Queria propor-lhe um negócio.

GARCIA
Vamos a isso. (*D. Juan aparece*)

DANIEL
Ambos nós temos necessidade de estar sós neste lugar; se ficarmos, é claro que seremos dois!

GARCIA
Sem dúvida!

DANIEL
É preciso pois que um saia!

GARCIA
Não serei eu!

DANIEL
Menos eu! Não há remédio senão recorrermos à sorte.

GARCIA
Como?

DANIEL
Tire a sua faca; eu tenho a minha; o que ferir primeiro fica, o outro sai.

GARCIA
Está dito.

Cena III

DANIEL, GARCIA *e* D. JUAN

D. JUAN
Com licença, há um terceiro.

GARCIA
O que quer?

DANIEL
Donde vem?

D. JUAN
Venho de alguma parte, e quero o que os senhores querem.

DANIEL
Ficar só nesta sala?

D. JUAN
Justamente; tenho cá as minhas razões (*tirando a espada*) e melhor direito.

GARCIA
Não admito; foi o último que chegou.

DANIEL
Nós cá estávamos primeiro.

D. JUAN
Pois bem; recorro à sorte.

GARCIA
(*a Daniel*)
Deixe este por minha conta, que eu o arranjo; depois decidiremos nós.

D. JUAN
Em guarda! (*vão atacar-se, quando aparece Samuel*)

Cena IV

DANIEL, GARCIA, D. JUAN e SAMUEL

SAMUEL
Loucos!

GARCIA
O doutor Samuel!

SAMUEL
Abaixai essas armas, que não deviam estar em vossas mãos; pois somente servem para cometerdes um roubo barateando a vida que não vos pertence!

D. JUAN
Que não nos pertence?...

SAMUEL

A desses dois homens, eles a deram a uma causa justa e nobre; a vossa, comprei-a eu.

DANIEL

Perdoai-nos; cada um de nós ignorava que os outros tivessem ordem de esperar-vos, e não queria comprometer o vosso segredo.

SAMUEL

Quem recebe uma ordem obedece sem indagar o motivo dela, nem perscrutar as intenções de quem as deu; mandei-vos esperar aqui; cumpria-vos esperar, e nada mais.

D. JUAN

Não esqueçais que preciso falar-vos sem demora.

SAMUEL
(*a Garcia e Daniel*)

Afastai-vos um momento; deixai-me ouvir este homem.

D. JUAN

O Sr. doutor recomendou-me há oito dias que solicitasse do governador, ser admitido como soldado à sua guarda.

SAMUEL

E conseguiu, já sei.

D. JUAN

E que apenas a guarda se preparasse para alguma expedição, o avisasse.

SAMUEL

Então?

D. JUAN

Há ordem de marcha para esta noite.

SAMUEL

Com que fim?

D. JUAN

Ignora-se.

SAMUEL

Muito bem!

D. JUAN

Não precisais de mim?

SAMUEL

Não; na sala próxima encontrareis frei Pedro; ele vos pagará este serviço.

Cena V

SAMUEL, DANIEL e GARCIA

DANIEL
(*chegando-se*)

Cumpri vossa ordem. A moça bebeu em um copo d'água as gotas do frasco, e logo adormeceu; tomei-a nos braços e trouxe-a agora mesmo ao convento. Aqui tendes a chave da cela.

SAMUEL
Ninguém percebeu?

DANIEL
Creio que não, porque a envolvi na minha capa; além disto já estava escuro, e só encontrei vosso filho.

SAMUEL
Estêvão?

DANIEL
Descia a ladeira; pareceu-me que ia à sua casa.

SAMUEL
Ele estava aqui?

GARCIA
Pouco antes de chegardes.

SAMUEL
Há de voltar. Podes ir, Daniel. (*sai Daniel*)

Cena VI

SAMUEL *e* GARCIA

SAMUEL
Garcia, tendes confiança em mim?

GARCIA
Experimentai.

SAMUEL

Se eu precisasse do vosso braço e da vossa coragem, se eu vos disesse: – "É necessária a morte de uma pessoa." – Hesitaríeis?

GARCIA

Há muitos dias que desejava pedir-vos uma coisa. Sei que andais perseguido, que sois obrigado a esconder-vos. Mostrai-me o vosso inimigo, e amanhã ele não existirá.

SAMUEL

Há inimigos a quem é dificil chegar, porque estão mui altos.

GARCIA

Dizei-me o seu nome, e vereis. Qualquer que ele seja.

SAMUEL

Ainda que fosse o governador?

GARCIA

Ainda que fosse o rei.

SAMUEL

Não!... Seria um crime inútil. De que serviria ferir a mão desde que não esmagasse a cabeça?... Ele está muito longe; onde não chega o vosso braço.

GARCIA

Aonde?

SAMUEL

Em Portugal.

GARCIA

Ordenai, e parto.

SAMUEL

Careço da vossa coragem aqui neste momento. Não é nem contra o ministro poderoso, nem contra o governador, que deveis erguer o punhal; é contra uma menina fraca e tímida.

GARCIA

Ah! Uma mulher!

SAMUEL

Recusais?

GARCIA

Repugna-me matar quem não se pode defender.

SAMUEL

E se eu vos afirmar que a vida dessa menina responde pela minha e pela salvação de nossa causa?... que só o vosso braço pronto a feri-la pode suspender a sentença a que me condenam, ou vingar a minha morte?

GARCIA

Mostrai-me essa mulher.

SAMUEL

Estais decidido?

GARCIA
Podeis contar.

SAMUEL
A um aceno meu...

GARCIA
Fecharei os olhos e rezarei por sua alma.

SAMUEL
(*abrindo a grade*)
Entrai.

Cena VII

SAMUEL e CONSTANÇA
(*Quando Garcia vai entrar, Constança sai pálida, alucinada, com os cabelos desgrenhados; Garcia pára um momento, depois entra.*)

CONSTANÇA
Onde estou eu?

SAMUEL
Tranqüilizai-vos, minha filha; estais na casa de Deus.

CONSTANÇA
(*com desespero*)
Ah! Fostes vós que me arrancastes dos braços de minha mãe?...

SAMUEL
E não fostes vós que me roubastes meu filho?

CONSTANÇA
Estêvão?

SAMUEL
Por vossa causa não me abandonou ele no momento em que a desgraça pesava sobre mim, deixando-me só no mundo como uma velha ruína do passado?

CONSTANÇA
Bem sabíeis que não posso viver sem ele!... que o amo!

SAMUEL
E eu não o amo também? Eu, para quem ele é mais que a existência, porque deve ser a minha segunda vida, uma nova encarnação de minha alma! O que é o vosso amor comparado ao meu? Um prazer efêmero, que não se compara com esse gozo supremo do espírito, que triunfa da morte e da destruição pelo poder da inteligência. Um sorriso basta para satisfazer o vosso amor; ao meu é preciso o futuro, e a imortalidade!

CONSTANÇA
Conheço que sou uma pobre mulher; não tenho a vossa inteligência; sei apenas amar com o coração.

SAMUEL
E que direito tendes de amá-lo?

CONSTANÇA
É preciso um direito para amar?

SAMUEL
Não sabeis ainda quem é Estêvão. É um filho que Deus me enviou para consumar a obra que comecei. A maior glória a que um homem pode aspirar neste mundo, a glória de ter criado um povo e elevado um império, será a sua recompensa. Ele deve ser mais do que um rei; deve ser o libertador de sua pátria. E agora interrogai o vosso coração e respondei: uma mulher, ainda a mais bela e a mais virtuosa, tem o direito de roubar essa existência consagrada a tão nobre missão?

CONSTANÇA
Roubar!... Não!... Partilhar!

SAMUEL
Roubar sim; porque um olhar vosso lhe fará esquecer a glória, e rojará a vossos pés como um escravo o homem que deve dominar pelo pensamento; porque ele gastará a seiva de sua vida e o melhor de sua alma em um sentimento comum que pode experimentar o ente mais miserável da sociedade; porque vossas preces hão de curvar aquela razão forte e superior que eu consumi tantos anos a formar!

CONSTANÇA
Oh! não compreendeis o coração de uma mulher, senhor! Não sabeis como ela vive da vida do homem a quem ama!

SAMUEL

Vós é que não compreendeis o culto de uma idéia! A religião da inteligência é como a religião de Cristo: só tem um Deus! Para os homens que se dedicam a um pensamento há uma única esperança, uma única ambição: a glória. De que lhes serve pois, o amor, consolação mesquinha daqueles cuja alma não passa do coração?

CONSTANÇA

Porém ele ama-me!

SAMUEL

Enganais-vos; Estêvão não vos ama!

CONSTANÇA

É impossível!

SAMUEL

O que Estêvão sente por vós é o mesmo que sentiria por qualquer outra mulher que tivesse visto no momento em que sua mocidade começou a expandir-se; é o mesmo que sente o homem devorado de sede pela água que refresca-lhe o sangue, ou o animal pelo alimento que pode matar-lhe a fome.

CONSTANÇA

Oh! calai-vos, senhor!...

SAMUEL

Quando os seus lábios tocarem os vossos, e o primeiro beijo o arremessar como o arcanjo da luz, do céu da imaginação à triste realidade, vereis o que restará disso que chamais amor. Um desgosto, o tédio, talvez o remorso!

CONSTANÇA
Vossas palavras enchem-me de horror!... Não blasfemeis! O amor não pode ser esta paixão egoísta!... Não! Eu o sinto aqui! Eu o sinto em minha alma! Ele vem de Deus, que o inspira e anima! Ele é nobre e santo como a religião que o consagra! Se não dá ao homem a glória que tanto ambicionais, dá a felicidade!

SAMUEL
Pois bem! Correi atrás dessa felicidade; deixai-vos amar por Estêvão; e um dia ele acordará em vossos braços desse sonho estéril, para esquecer-vos como um pesadelo! Que fareis quando a sua razão pedir-vos conta do tempo perdido, quando a vossa consciência perguntar-vos o que fizestes do apóstolo de uma causa santa? Correi atrás da felicidade, e achareis no fim do caminho o desprezo do vosso esposo e a maldição do Senhor.

CONSTANÇA
(*com desespero*)
Ah!

SAMUEL
Então reconhecereis que não blasfemo. (*pausa*)

CONSTANÇA
Que posso eu fazer? Inspirai-me, aconselhai-me! Eu vos obedecerei cegamente; mas não exijais de mim

que deixe de amá-lo, porque é inútil! Mil juramentos que eu desse, uma só palavra dele os quebraria todos! Aceito qualquer sacrifício, menos o de esquecê-lo.

SAMUEL
E tereis força de repelir o homem a quem amais?

CONSTANÇA
Para que mentir-vos!... Ainda que o quisesse, não o poderia!

SAMUEL
Mas assim é preciso! Pela minha voz, Deus vo-lo ordena! Salvai Estêvão!

CONSTANÇA
Para salvá-lo só há um meio!

SAMUEL
Qual?

CONSTANÇA
Matai-me; ele ficará livre, e eu morrerei amando-o.

SAMUEL
A vossa vida é necessária neste momento!

CONSTANÇA
Que valor tem a vida de uma pobre mulher?

SAMUEL
Que valor tem a centelha que produz o incêndio? Os grandes efeitos nascem de pequenas causas;

sobre vossa cabeça repousam neste instante os destinos de uma revolução. Deveis viver pelo menos algumas horas; e cumpre que esta noite Estêvão recupere a sua liberdade.

Constança
Fazei que ele deixe de amar-me, que me repila.

Samuel
(*com brandura*)
Não; haveis de ser feliz!

Constança
Oh!... Não me deis uma esperança para roubar-ma depois!

Samuel
A glória, o poder, a grandeza do homem amado não será a felicidade suprema da mulher que ama?

Constança
Sim!

Samuel
Pois essa felicidade vós a tereis, Constança.

Constança
Como? Falai!

Samuel
A Providência, minha filha, envia à terra de espaço a espaço alguns entes privilegiados, a quem ela comunica um raio de sua luz criadora; esses homens

passam pelo mundo como meteoros; não têm família, nem amigos, nem afeições; devem caminhar sós, envoltos em seu mistério, protegidos pelo seu destino. Deus só lhes deu de humano o corpo, que em luta com a razão, às vezes se revolta. O mundo julga que essas rebeliões da matéria contra a vontade que as domina são paixões! Não passam de desejos que consomem a carne, sem tocar o espírito! Sabeis o que deve fazer a mulher que teve a desgraça de amar um desses entes privilegiados?

CONSTANÇA
Não!... Se eu o soubesse!...

SAMUEL
Sacrifica-lhe todos os prejuízos da sociedade, entrega-se, e não pede em troca nem amor, nem gratidão.

CONSTANÇA
O que peço eu?... Não sou sua esposa?...

SAMUEL
Não podeis ser.

CONSTANÇA
Por quê, senhor?

SAMUEL
O gênio, já vos disse, não tem família, não tem esposa; ele colhe a beleza como vós colheis a flor; aspira o perfume e deixa-a murchar! Se a mulher que ama tem bastante coragem para amá-lo assim...

Constança

Mas é a desonra que me propondes, senhor!

Samuel

Chamais a isso desonra? E que o seja! Resta-vos o orgulho e a felicidade de ter concorrido para uma grande concepção. O mundo repete o nome daquelas que se associaram às aspirações do gênio; a história, as artes, os monumentos recordam a sua memória, e nenhuma delas trocaria decerto a celebridade de sua vida e o reconhecimento da humanidade pela honra de uma esposa obscura.

Constança

Essa ao menos não é obrigada a corar diante dos homens!

Samuel

Porque não tem a coragem necessária para o sacrifício! Mas vós a tereis, Constança.

Constança

Nunca!

Samuel

É assim que amais Estêvão?

Constança

Ele não pode querer a minha vergonha!

Samuel

Não é ele quem o quer; é a ordem providencial da natureza; é a sabedoria suprema, que não pode sujeitar a liberdade de um povo aos escrúpulos de uma mulher. Refleti bem; lembrai-vos que estais em meu poder; e que a inocência se empana com um sopro. Em uma hora a menina casta e pura estará perdida!... Então que faríeis de vosso amor?

CONSTANÇA
Meu Deus, tende piedade de mim! É horrível!

SAMUEL
Escolhei!... Ofereço-vos a felicidade.

CONSTANÇA
Não tendes alma, senhor! Essa felicidade que me ofereceis é um suplício de humilhação.

SAMUEL
É uma abnegação sublime.

CONSTANÇA
Meu Deus!

SAMUEL
Escolhei! A glória de Estêvão, e a sua felicidade; ou o desespero que o matará odiando-vos, porque ele não pode ser vosso esposo, e não o será jamais! Que lhe respondereis quando em uma derradeira maldição, pedir-vos conta de seu futuro, de suas esperanças aniquiladas, de sua vida arrancada por esse amor fatal?...

CONSTANÇA
Estêvão odiar-me!... A mim que só vivo para amá-lo?... Ele morto! E por mim... e amaldiçoando-me

no seu último suspiro?... Oh! não! Tomai a minha vida, a minha felicidade, tudo; e salvai-o. Eu morrerei a seus pés... mas a vergonha...

Samuel
(*brandamente*)

Fortalecei-vos na fé e tirai forças da religião, minha filha, para consumar o vosso grande e nobre sacrifício. Não temais o motejo dos homens e o desprezo do mundo. Mártir do amor como os outros mártires do cristianismo, sofrereis com a fronte calma o escárnio da multidão. Mas Deus verterá em vossa alma o bálsamo das grandes dores; fazendo a felicidade do homem a quem amastes, vos associareis à sua glória, à glória majestosa do fundador da pátria.

Constança

Não me iludis, senhor? É Deus que exige de mim esse tremendo sacrifício?... Deus, em cujo santo nome ensinaram-me a virtude!

Samuel
(*persuasivo*)

Quem foi, minha filha, que inspirou a Ester, a formosa filha dos Judeus, a força de ganhar o amor de Assuerus, inimigo de sua religião e de seu povo, para aliviar o exílio e a perseguição que sofriam seus irmãos? Quem levou Judite à presença de Holofernes para oferecer-lhe a sua beleza e livrar sua pátria da vingança do rei de Babilônia? Falta-vos a coragem que elas tiveram?

CONSTANÇA
(*exaltada*)
Não, cumpra-se o meu destino. Venha o martírio.

SAMUEL
Jurai-o! (*apresenta-lhe o crucifixo*)

CONSTANÇA
Juro!... (*aproxima-se do altar e ajoelha-se*)

Cena VIII

SAMUEL, CONSTANÇA e ESTÊVÃO

SAMUEL
Estêvão! (*abre-lhe os braços*)

ESTÊVÃO
Que fizestes de Constança, senhor?

SAMUEL
Chamei-a para junto de mim; porque reconheci que era o meio de trazer o filho esquecido aos braços do pai que ele abandonou.

ESTÊVÃO
Tendes razão! Eu sou um ingrato! Mas... ela!... Onde está?...

SAMUEL
Olhai!

ESTÊVÃO
Constança! (*corre a ela*)

CONSTANÇA
(*com espanto*)
Meu Deus!

ESTÊVÃO
Que é isto? A minha presença te causa espanto!

CONSTANÇA
Não!... Porém...

ESTÊVÃO
O que tens?

CONSTANÇA
Deixe-me!... Por compaixão! Não me olhe! Fuja de mim. (*afasta-se*)

SAMUEL
(*a Constança, baixo*)
Lembrai-vos do juramento!

ESTÊVÃO
Tu me repeles, Constança? Já não me amas? (*Samuel passeia no fundo*)

CONSTANÇA
Oh! se o amo!

ESTÊVÃO
E não me queres perto de ti?

CONSTANÇA
Pudesse eu passar toda a minha vida ao seu lado, como agora.

ESTÊVÃO
Pois vem comigo; estamos em uma igreja; ajoelhemo-nos ao pé do altar; um padre abençoará a nossa união; e...

CONSTANÇA
É impossível!

ESTÊVÃO
Recusas?

CONSTANÇA
Não me interrogues.

ESTÊVÃO
Então não queres ser minha esposa?

CONSTANÇA
Serei sua esposa no céu, meu amigo! Mas neste mundo... Não!... Deus não consente!

ESTÊVÃO
Confesse antes que esse amor com que me iludiu era uma mentira... Que escarneceu de mim!

CONSTANÇA
Estêvão!

ESTÊVÃO
E eu que lhe sacrificava tudo; que fizera dela a minha vida, a minha glória, a minha religião!

CONSTANÇA
Oh! não fale assim! Que maior prova pode dar uma mulher de seu amor e de sua dedicação por um homem?

ESTÊVÃO
É partilhar a sua existência.

CONSTANÇA
Há outra mais forte! Outra para a qual é preciso tanto heroísmo e tanta abnegação que eu tenho medo me falte a coragem.

ESTÊVÃO
Que prova é essa, Constança?... Responde!...

CONSTANÇA
Não sei.

ESTÊVÃO
Compreendo! Procura um pretexto, e não o consegue, Constança, porque ainda não sabe mentir. Adeus.

CONSTANÇA
Quer deixar-me?

ESTÊVÃO
Que faço eu aqui?

CONSTANÇA
Ouça-me, Estêvão!

ESTÊVÃO
É inútil.

CONSTANÇA
Eu lho suplico!... Escute-me! Uma palavra! E repila-me depois!

ESTÊVÃO
Que quer de mim ainda?

CONSTANÇA
(*alucinada*)
Não sabe por que eu não posso ser sua esposa? Tem um futuro brilhante, Estêvão, tem um grande destino a cumprir! Aquela que o ama não deve roubar-lhe essa glória! Ela tem orgulho em ser sua escrava.

ESTÊVÃO
És tu mesma que me falas, Constança! São teus lábios puros que proferiram semelhantes palavras! Não! Não creio! Dize-me! Dize-me que tudo isto é uma alucinação do teu espírito! Que deliras!... Escondes o rosto!... Ah!

CONSTANÇA
(*arrastando-se a seus pés*)
Oh! não me despreze!

Estêvão

Erguei-vos, senhora; eu amava uma menina pura, e contava fazê-la a companheira de minha vida; não conheço a mulher que me oferece um amor indigno. (*sai*)

Constança

Ah!

Samuel

Estêvão!

Constança

Eu bem vos disse que ele me desprezaria!

Samuel

Voltará!... Vinde!

Cena IX

Samuel *e* Fr. Pedro

Fr. Pedro

Samuel, o convento está cercado.

Samuel

Em que vos admira isto? Não é hoje treze de novembro, véspera do dia fatal?

Fr. Pedro

Que devo eu fazer?

SAMUEL
Nada. Eu incumbo-me de salvar-vos. Tranqüilizai-vos!

FR. PEDRO
O perigo não me assusta, Samuel; porém ainda duvido que as vossas previsões se realizem. O marquês de Pombal, com toda a sua audácia, não se animava a ofender o poder de Roma.

SAMUEL
Não o ofendeu, frei Pedro, comprou-o. Roma já foi a rainha do Universo; hoje é apenas uma messalina que se vende ao ouro do estrangeiro.

FR. PEDRO
Contudo! O Instituto não poderia ser indiferente.

SAMUEL
O tempo em que o Instituto lutava com o Papa e os soberanos passou; os gerais Santo Inácio de Loiola, Francisco de Bórgia e Cláudio Acquaviva, não tiveram sucessor. (*ouve-se bater fora*)

FR. PEDRO
(*assustado*)
Batem à porta do convento!

SAMUEL
Mandai abrir, e reunir a comunidade para receber dignamente o conde de Bobadela, que vem intimar-vos a sentença de proscrição.

Fr. Pedro
Não vos ocultais? Quereis que o governador vos surpreenda?

Samuel
Ficai descansado a meu respeito; não o temo.

Fr. Pedro
Se cairdes em seu poder, estais perdido!

Samuel
Tenho um escudo no qual se embotará a sua espada! (*entra à direita e fecha a grade*)

Cena X

Fr. Pedro, Conde de Bobadela, Miguel Correia, José Basílio, *frades e soldados*
(*Apenas Samuel desaparece, vai se reunindo a comunidade. Os frades acendem as velas dos lampadários que estão sobre os bufetes.
O sino dobra lentamente.*)

Fr. Pedro
Quem vos deu o direito, senhor governador, de penetrar com força armada na casa de Deus?

Conde
O meu direito é o meu dever; cumpro uma ordem d'el-rei!

Fr. Pedro

Sua Majestade D. José I, não podia esquecer o exemplo de seus avós, para quem o templo do Senhor foi sempre um asilo sagrado.

Conde

Quando a hipocrisia e a falsidade se cobrem com o hábito da religião e se abrigam aos pés do altar, o rei deve expulsá-las do templo onde só pode entrar a virtude.

Fr. Pedro

Falais dos companheiros de Jesus, senhor governador?

Conde

Falo da Ordem rebelde e ambiciosa, que, traindo o Instituto do seu fundador e a santidade de sua missão, abusa da hospitalidade que lhe concederam os reis de Portugal e do poder que eles lhe conferiram em bem da religião, para conspirar contra a majestade.

Fr. Pedro

Não sois vós, senhor governador, nem os reis da terra que nos hão de julgar. Aquele que tudo vê e tudo sabe, conhece a nossa inocência.

Conde

A sua punição vai cair sobre vossas cabeças. O convento está cercado; tenho-vos a todos em meu poder; nenhum me escapará!

Fr. Pedro
São escusadas essas precauções; nenhum dos que vedes aqui, ministros da religião, abandonará a casa do Senhor, onde o seu dever lhe manda que permaneça.

Conde
Para guardar as riquezas que tendes acumulado nos vossos cofres!...

Fr. Pedro
A riqueza que possuímos é uma consciência tranqüila.

Conde
Faltais à verdade, reitor. Neste convento existe um tesouro avultado, que tantas lágrimas custou aos órfãos e às viúvas de quem o extorquistes.

Fr. Pedro
Os objetos de valor que existem nesta casa são os vasos e as sagradas imagens que servem ao culto do Senhor.

Conde
Dizei antes que servem para conspirar. Mas iludiram-se! A Providência vela sobre o trono de Portugal e sobre o ministro poderoso que o defende contra a vossa audácia. Ordeno-vos que me entregueis esse tesouro.

Fr. Pedro
É um segredo, senhor, e eu o ignoro.

CONDE
Não espereis enganar-me.

FR. PEDRO
Juro pela salvação de minha alma.

CONDE
Não creio em juramentos de quem ensina que é uma virtude mentir.

FR. PEDRO
Disse a verdade, Sr. conde.

CONDE
Se vós, reitor deste convento, não sabeis o segredo, quem o sabe então? (*a porta larga do fundo abre-se e aparece o Dr. Samuel vestido de jesuíta*)

Cena XI

SAMUEL, CONDE, FR. PEDRO, *frades e soldados*

SAMUEL
Sabe-o Deus no céu, e eu na terra, conde de Bobadela! (*batendo no peito*) Arrancai-o daqui, se podeis.

CONDE
Ah! enfim!... Deixastes o disfarce!

SAMUEL
Venho reclamar o meu lugar, como chefe dessa família que o Senhor confiou à minha guarda.

Fr. Pedro
Quem sois, então, Samuel?

Samuel
Sou o vigário-geral da Companhia de Jesus no Brasil.

Fr. Pedro
Vós! Não é possível!

Samuel
Lede. (*dá-lhe um pergaminho*)

Conde
Pensais iludir-me ainda com a vossa impostura?

Samuel
O rei de Portugal e os príncipes da cristandade falam-nos de pé e com a cabeça descoberta. Tirai o vosso chapéu, conde de Bobadela!

Conde
Hei de humilhar a vossa arrogância; todo o poder da Ordem não vos salvará. Revelai o segredo de que sois sabedor, ou entregar-vos-ei ao braço secular, como rebelde e desobediente às ordens régias.

Samuel
Estou habituado a ver a morte de perto! Apóstolo da milícia de Cristo, nos desertos desta América e entre os selvagens, só e sem armas, também aprendi a encarar o perigo, como vós, soldado do rei, nos campos de batalha. O martírio não me assusta. Podeis

mandar preparar o suplício: mas ficai certo de que a mão do algoz tocando-me vai ferir-vos o coração!

Conde

Nunca sentirei remorsos de haver punido os inimigos da religião; não tenho coração quando se trata de cumprir um dever.

Samuel
(*com ironia*)
Exigis de mim um segredo, Sr. governador; eu o revelarei, mas quando estivermos sós.

Conde
(*para os soldados*)
Afastai-vos! (*saem os frades e os soldados*)

Cena XII

Samuel *e* Conde de Bobadela

Conde
Falai; estamos sós.

Samuel
Quando aludi ao vosso coração, senhor conde, não me referia ao fidalgo, nem ao governador; mas ao pai que não pode ser indiferente à perda de uma filha.

Conde
De uma filha!

SAMUEL
Bem vedes; este único nome vos estremece.

CONDE
(*imperativo*)
O segredo?

SAMUEL
O segredo. É este. Todo o homem, ainda o mais forte, tem na sua vida um momento de fraqueza. Há dezesseis anos amastes uma donzela, Sr. conde de Bobadela; por vós traiu ela seus deveres, abandonou sua família. Vossa indiferença depois a castigou cruelmente: o vosso desprezo a matou. Ela morreu, deixando-vos uma filha que adorais com a paixão veemente e profunda do pai que é obrigado a ocultar seu amor.

CONDE
Como soubestes este segredo?

SAMUEL
Como?... O poder da Companhia de Jesus repousa sobre a consciência, onde não penetram nem as armas dos vossos soldados nem o braço dos vossos esbirros. Aos pés do humilde confessionário, que lhe serve de trono, nenhum cortesão da realeza vem depor a torpe lisonja; todos se prostram, grandes e humildes; todos lhe abrem sua alma. O que ela ouve é a voz da verdade, o grito do coração que lhe denuncia quanto crime impune, quanta miséria dorme às vezes no passado de homens reputados bons e virtuosos.

Conde

Ah! Abusastes do segredo da confissão!... E tendes a impudência de o declarar? Vós, ministro do Senhor, traístes o seu sacramento.

Samuel

Usei do poder que ele me confiou para "maior glória de Deus". Tendes uma ordem do marquês de Pombal que manda prender os jesuítas e expulsá-los do Brasil no dia quatorze de novembro. Hoje são treze; eu vos esperava, senhor governador, eu vos esperava, para dizer-vos que essa ordem não se há de cumprir.

Conde
(*com ironia*)
Quem o obstará? Vós?...

Samuel

A Providência, que armou o meu braço para punir-vos, se ousardes tentar contra a Companhia de Jesus.

Conde

Insolente!

Samuel
(*aponta para o interior*)
Vede!

Conde

Constança! (*espanto*)

SAMUEL
É vossa filha sim, que ali está adormecida. Aquele homem que a contempla apertando o cabo do punhal, é um autômato, instrumento cego de minha vontade.

CONDE
É um infame assassino, como vós que lhe armastes o braço.

SAMUEL
Prudência! Ao menor movimento, vossa filha deixará de existir. Não vedes que uma barreira vos impede o passo, e que há maior distância entre vós e ela, do que entre o punhal e seu corpo?

CONDE
(*consigo*)
Que horrível transe!

SAMUEL
Curvai-vos à fatalidade!... Fostes vencido por Deus!

CONDE
(*num assomo de ira*)
Oh! Eu a salvarei! Ainda que seja preciso matar-vos com as minhas mãos, e roubar-vos ao patíbulo! (*ergue o punhal para Samuel*)

CONSTANÇA
(*dentro*)
Ah!

CONDE
(*recuando*)
Constança! Ele a assassina! O miserável!...

SAMUEL

Porque hesitais!... Podeis martirizar-me a carne; mas eu tenho fechada em minha mão a vossa alma. (*pausa*)

CONDE

Que pedis? A liberdade?

SAMUEL

Nada peço, conde de Bobadela. Exijo que não executeis a ordem de proscrição.

CONDE
(*com dignidade*)

Feriste-me no coração, sicário! Mas o coração, tu o disseste, é do pai que não está mais aqui. Esse que vedes, jesuíta, é o conde de Bobadela, governador deste Estado. Ordeno-vos que entregueis o tesouro da Companhia; e dou-vos esta noite para cumprirdes a minha ordem.

SAMUEL

Esta noite, dou-vos eu, conde de Bobadela, para refletir.

CONDE
(*imperativo*)

Ao primeiro toque da alvorada aqui estarei.

SAMUEL
(*com altivez*)

Eu vos espero.

ATO QUARTO

(*Sacristia do Colégio dos jesuítas, esclarecida por uma lâmpada. Ainda ouve-se o toque da alvorada, dado pelas cornetas.*)

Cena I

Fr. Pedro *e* José Basílio

Fr. Pedro
Que se passa fora, José Basílio?

José Basílio
Nada, padre-reitor; tudo está em silêncio. O convento continua cercado de tropa.

Fr. Pedro
(*indo à janela*)
Aquele vulto que ali passeia no jardim, não é o governador?

José Basílio
Assim me parece. Há duas horas seguras que percorre o mesmo espaço.

Fr. Pedro
Samuel terá razão? O conde deixará de cumprir a ordem do marquês de Pombal?

José Basílio
O caso é, que depois da conferência que tiveram, o governador retirou-se; e notei, padre-reitor, que ia demudado.

Fr. Pedro
Parece com efeito que recuou; mas não creio nesse poder misterioso capaz de suspender a ordem de El-rei.

José Basílio
O vigário-geral da Companhia de Jesus deve saber segredos importantes. Não se lembra, padre-reitor, do grito que ouviu-se?

Fr. Pedro
De quem seria? Pareceu-me de uma mulher.

José Basílio
De uma mulher? Como podia estar no convento? Por onde entrou?

Fr. Pedro
Há recantos nesta casa, José Basílio, que eu mesmo ignoro, embora viva há dez anos nela. Sabeis da

tradição que fala de uma comunicação subterrânea entre este convento e um outro edifício abaixo do morro.

José Basílio
Todos repetem esse boato; mas ninguém o afirma!

Fr. Pedro
Talvez que tais segredos sejam conhecidos por esse homem incompreensível, que, depois de passar dezoito anos disfarçado em médico italiano, acaba de revelar-se de repente como a segunda autoridade da Ordem.

José Basílio
E com todo esse poder veio esconder-se neste canto do mundo?

Fr. Pedro
Quem sabe que planos eram os seus!

Cena II

Os mesmos e Estêvão

José Basílio
Como estás?

Estêvão
Estou melhor; estou resignado!

Fr. Pedro
Sentis alguma aflição, Estêvão?

ESTÊVÃO

Agora nada sinto; há dores profundas que devastam o coração, e matam a alma, e fazem daquilo que foi homem uma pouca de lama ou de argila. Agora nada sinto! (*afasta-se*)

JOSÉ BASÍLIO

Toda a noite teve delírios horríveis; receei que enlouquecesse.

FR. PEDRO

O que lhe sucedeu?

JOSÉ BASÍLIO

Compreendi das suas palavras soltas e sem nexo, que sofrera uma grande decepção; amava uma menina; creio que ela o traiu.

FR. PEDRO
(*indo a Estêvão*)

Não vos deixeis sucumbir, Estêvão! A desgraça é uma prova que Deus nos envia para experimentar a nossa coragem. Devemos lutar e vencê-la pela resignação.

ESTÊVÃO

Não é possível, padre-reitor; depois do que sofri não se vive.

JOSÉ BASÍLIO

Não digas isso, meu amigo.

ESTÊVÃO
Não sabes, José Basílio, que estado é este da alma que perdeu todas as crenças, e duvida de tudo!

FR. PEDRO
Crede na misericórdia de Deus, filho!... Ele vos salvará da desesperação.

ESTÊVÃO
A santidade de vossa vida, frei Pedro, não conhece esses infortúnios para os quais não há consolo nem alívio.

FR. PEDRO
É um engano vosso; também tive uma mocidade; depois que extinguiu-se não há dia em que eu não veja na consciência dos outros os estragos que aí deixaram as paixões.

ESTÊVÃO
Mas nunca viste o que eu senti!... Amar uma menina pura e casta, respeitá-la como a Deus, ter medo de mim mesmo, quando a via tão bela!... E no momento em que lhe suplicava que me aceitasse por seu esposo...

FR. PEDRO
Recusou?

JOSÉ BASÍLIO
Traiu-te?... Esqueceu o seu juramento?

ESTÊVÃO
Antes isso mil vezes!... Antes a visse morta a meus pés, antes me repelisse! Não sofreria como sofri, ouvindo-a propor-me um amor infame!

JOSÉ BASÍLIO
Que dizes? Constança...

ESTÊVÃO
Recusou ser minha esposa para ser... Adivinha! Eu não tenho ânimo de dizê-lo!

FR. PEDRO
Essa mulher não merecia vossa afeição, Estêvão; guardai-a para outra mais digna.

ESTÊVÃO
Não se ama duas vezes assim; depois daquela tortura só me resta uma esperança: a morte que traz o repouso e o esquecimento.

FR. PEDRO
Quereis tentar contra vossa existência?

ESTÊVÃO
Não; tive um momento essa fraqueza, mas passou.

FR. PEDRO
Ainda bem.

ESTÊVÃO
Tenho porém uma graça que pedir-vos, padre-reitor.

Fr. Pedro

Dizei qual, filho!

Estêvão

Aceitai em nome de Deus este sopro de vida que ainda me anima; dai-me o santo hábito que vos cobre, para que eu ao menos tenha o direito de morrer como um cristão.

Fr. Pedro

Desejais professar?

José Basílio

Estêvão, meu amigo!... (*entra Samuel*)

Estêvão

Já não sirvo para coisa alguma neste mundo, senão para regar com meu sangue a cruz que vossos irmãos plantaram nesta terra.

Fr. Pedro

Fazeis bem; achareis no seio da religião a paz e a tranqüilidade.

Cena III

Fr. Pedro, José Basílio, Estêvão *e* Samuel

Samuel

Acharás a glória e o poder!

ESTÊVÃO
(*surpreso*)
Senhor!

FR. PEDRO
Samuel!

SAMUEL
Serei eu mesmo que aceitarei os teus votos, meu filho! (*Frei Pedro e José Basílio remontam*)

ESTÊVÃO
Nunca! De vós nada mais quero! Nem mesmo a compaixão.

SAMUEL
Estêvão!... Não me reconheces?

ESTÊVÃO
Reconheço-vos agora! Infelizmente é tarde! Despedaçastes a minha existência; sacrificastes aos vossos planos insensatos a minha felicidade! Deixai-me o direito ao menos de esquecer-vos e morrer tranqüilo!

SAMUEL
Tu não morrerás, meu filho; a tua vida começa apenas; o teu destino ainda não se cumpriu. Não lamentes a perda desses prazeres mesquinhos, que o homem superior não se abaixa para colher. A felicidade vem de Deus; não é no sorriso de uma mulher, flor de um dia, que tu a podes encontrar: procura-a na inteligência, que é imortal.

ESTÊVÃO
Esqueceis que matastes-me a alma.

SAMUEL
Eu, Estêvão?

ESTÊVÃO
Vós mesmo! A princípio não refleti! Depois compreendi tudo! Falastes a Constança antes que eu chegasse; pervertestes o seu coração! Fizestes dela, da virgem que amava-me, uma mulher perdida, um ente vil e abjeto; e de mim um homem que descrê da virtude, da honra, do amor; que duvidaria de sua mãe se a tivesse. Contemplai a vossa obra, e escarnecei de Deus e do mundo!...

SAMUEL
Não fui eu, humilde criatura, Estêvão; foi a Providência que iluminou essa menina, e lhe deu a coragem para o sacrifício que ela fazia à tua felicidade. Recusaste; porque não compreendeste a sublimidade do seu coração e a virtude de sua alma!

ESTÊVÃO
A virtude?... Não profaneis esse nome.

SAMUEL
A virtude não é um hábito, nem a simples abstinência de um prazer; é a força e o heroísmo necessário para o cumprimento de um dever. Constança cometeria um crime, aceitando a partilha de tua existência, e condenando-te à vida obscura de família. Imolou sua honra à tua glória! Cumpriu um dever!

ESTÊVÃO

Ah! foi essa moral sacrílega que a perdeu!... Sacerdote da prostituição, corrompestes com as vossas palavras sua inocência!

SAMUEL

Tu me acusas, meu filho!... Não sabes que o meu único pensamento é a tua ventura, e a realização dessa grande idéia de que serás o herdeiro! Não sabes o que eu sou?

ESTÊVÃO

Sois um louco!

SAMUEL

Estêvão!

ESTÊVÃO

Um louco, sim! Já o confessastes, e eu quero acreditá-lo para não julgar-vos antes um demônio que se deleita com o sofrimento de suas vítimas! Concebestes um projeto extravagante, e para realizá-lo todos os meios são bons! A desgraça de um filho a quem educastes, a desonra de uma menina que não vos fez mal, o desespero de ambos; tudo vos parece virtude, tudo vos parece inspirado por Deus!...

SAMUEL

Duvidas de mim, Estêvão?...

ESTÊVÃO

E vós mesmo não duvidais?... Estais bem certo que a vossa razão gasta pelos anos, não delira?...

que essa grande idéia não seja apenas uma alucinação de vossa inteligência enferma?...

SAMUEL

Confesso, Estêvão. Às vezes interrogo a minha consciência, e pergunto-me a mim mesmo se a destruição de um obstáculo, se a morte de um homem, é um crime ou uma triste necessidade?... Mas a consciência me responde: – "Prossegue; as idéias não se governam como os homens; elas não param em sua marcha; abatem os que se opõem à sua passagem: são os rios que se precipitam para o oceano."

ESTÊVÃO

Basta! Não quero mais ouvir-vos; porque se me convencêsseis que não sois um louco...

SAMUEL

(*com ansiedade*)
Me acompanharias?

ESTÊVÃO

Vos desprezaria como um assassino.

SAMUEL

Meu filho!

ESTÊVÃO

Mas não tendes consciência do que praticais. Só mereceis a compaixão!

SAMUEL

Não me condenes, Estêvão! Ouve-me!... Não vês que eu choro, meu filho!...

ESTÊVÃO

Chorais!... Ainda bem!... Vou pedir a Deus que tenha piedade de vossa alma; e vos restitua a razão que perdestes, para um dia remirdes os erros de vossa vida. (*sai pelo fundo*)

Cena IV

SAMUEL

SAMUEL
(*só*)

Meu Deus!... Meu Deus!... Dirá ele a verdade?... Esta grande obra, construída dia por dia, instante por instante, será apenas um sonho da imaginação, uma demência do espírito?!... Serei eu um louco?... Não. A luz da razão me esclarece; a mão da Providência me guia!... Eu vejo!... A um aceno meu, um povo se ergue como um gigante e reclama o seu lugar entre as nações ilustres!... A um aceno meu... Sim! Sou apenas um homem, uma criatura fraca e mortal... Mas não foi um homem que descobriu o novo mundo?... Ele só com a sua vontade e o seu gênio?... Não foi um homem que deu asas ao pensamento e o fez rei e senhor do universo?... Oh! não!... Não sou um louco!... Estêvão há de compreender-me, e perdoar-me! É preciso!... Ainda que destrua metade do que tenho feito!... (*cogita*)

Cena V

SAMUEL e FR. PEDRO

FR. PEDRO
(*para dentro, a José Basílio*)
Não o deixeis; no estado em que está pode praticar um ato de desespero. (*José Basílio recolhe-se*)

SAMUEL
(*erguendo a cabeça*)
Que horas serão, frei Pedro?

FR. PEDRO
Devem ser mais de três. (*chegando-se à janela*) O oriente começa a empalidecer.

SAMUEL
(*sombrio*)
É a aurora do dia 14 de novembro que vem anunciar a proscrição da Companhia de Jesus. O sol que vai raiar verá nossa ruína.

FR. PEDRO
Como?... Perdestes a esperança?... Não me havíeis dito que estávamos salvos?

SAMUEL
Enganei-me, frei Pedro. Julguei que setenta e cinco anos de existência tinham reduzido a cinzas este coração, e que nada mais o podia estremecer! Enganei-me!... Eu que sorria das paixões humanas, eu que jogava com a vida de milhares de homens,

eu que vi impassível morrerem um a um todos os que me amaram na terra, achei enfim uma lágrima!... O grito de dor daquele menino despertou esta alma surda às procelas do mundo!

Fr. Pedro

Mas que tem isso com a salvação que nos prometestes?

Samuel

Esta salvação seria comprada com a sua felicidade, e eu não quero, não posso vê-lo sofrer. Amo-o como meu filho!

Fr. Pedro

Assim, sacrificais a religião a uma afeição pessoal?

Samuel

Sacrifico mais ainda!

Fr. Pedro

Desconheço-vos neste momento, Samuel!

Samuel

Eu mesmo não me reconheço! Uma força mais poderosa do que minha vontade domina-me! (*pausa*) O que é o homem, frei Pedro? Uma parcela da essência divina fechada em um vaso de argila. Que importa que o gênio se eleve e plaine sobre a terra, se basta um sopro para quebrar o vaso que o encerra?... Consumir cinqüenta anos de existência a criar e realizar uma idéia; gastar toda a sua inteligência a preparar os elementos de uma revolução, conseguir à força de perseverança dirigir a marcha dos acontecimentos; e afinal tudo destruído pelo olhar de uma mulher!... Depois disto credes que haja verdade neste mundo? A ciência, a religião, a justiça, o que são? Uma mentira!... Uma ilusão que se desvanece com um sorriso de amor!... Homem, misto de orgulho e de baixeza, humilha-te!... Tu és um escárnio da Providência, que te criou para divertir-se em contemplar a tua miséria, luta insana do espírito com a matéria.

FR. PEDRO
Acalmai-vos, meu amigo. Sem querer, soltastes uma blasfêmia.

SAMUEL
Senhor, perdoai-me!... (*a frei Pedro*) Tendes razão; preciso de toda calma: resta-nos uma hora apenas.

FR. PEDRO
Então decididamente estamos perdidos?

SAMUEL
Resignemo-nos à vontade de Deus, e preparemo-nos para morrer como mártires, se assim for preciso.

FR. PEDRO
O governador vos respeitará.

SAMUEL
Por que motivo?

Fr. Pedro
O vosso caráter sagrado! Sois o vigário-geral da Companhia de Jesus, que embora expulsa de Portugal, ainda pode muito na Europa!

Samuel
Isso de nada vale. O conde de Bobadela sabe que a minha existência é um obstáculo ao engrandecimento da monarquia portuguesa, e há de procurar remover esse obstáculo; mas estou tranqüilo; aguardo a minha sorte.

Cena VI

Fr. Pedro, Daniel, *um frade e um homem de olhos vendados*

Fr. Pedro
(*ao frade*)
Chamai nossos irmãos à oração; poucos momentos nos concede o Senhor para purificarmos a alma que talvez em uma hora tenha de comparecer ante o seu trono. (*o frade sai*)

Daniel
(*a meia voz*)
Quereis fazer uma obra de misericórdia, padre-reitor?

Fr. Pedro
Não é coisa a que se recuse um servo de Deus. Que desejais?

DANIEL
Podeis absolver aquele homem? (*apontando*)

FR. PEDRO
Absolvê-lo? Por quê?

DANIEL
Porque vai morrer.

FR. PEDRO
Como?

DANIEL
Tenho ordem de aviá-lo.

FR. PEDRO
Quem vos deu semelhante ordem?

DANIEL
Aquele que a podia dar.

FR. PEDRO
O governador?

DANIEL
O governador manda nos seus soldados; não manda nesta casa.

FR. PEDRO
Samuel?

DANIEL
Sim.

Fr. Pedro
Não é possível! Que fez este homem?

Daniel
Sabe um segredo importante.

Fr. Pedro
Mas isso não é um crime!

Daniel
É uma desgraça, que é pior.

Fr. Pedro
Não consentirei.

Daniel
É desnecessário o vosso consentimento.

Fr. Pedro
Não vedes que é um assassinato?

Daniel
É meu dever; o doutor Samuel ordenou, eu obedeço.

Fr. Pedro
(*consigo*)
Que fanatismo, meu Deus!... Como aquela inteligência superior pode assim dominar esta consciência a ponto de fazer dela um instrumento cego da sua vontade!

DANIEL
Quereis absolver o homem?

FR. PEDRO
Nunca! Não serei cúmplice desse homicídio.

DANIEL
Pois bem ele morrerá impenitente, e carregareis com as suas culpas.

FR. PEDRO
Escuta; quero falar a Samuel.

DANIEL
Não posso esperar; a menor demora é um risco; este homem pode cair nas mãos do governador.

FR. PEDRO
Que mal resultaria daí?

DANIEL
Revelaria o segredo de que é sabedor.

FR. PEDRO
Mas que segredo é esse?... Quem é este desgraçado?

DANIEL
É um pedreiro.

FR. PEDRO
Que veio fazer aqui?

DANIEL
Veio levantar um muro.

FR. PEDRO
Em que lugar? Nada vi!

DANIEL
Não sei, ninguém viu; ele mesmo não o sabe.

FR. PEDRO
Que quer dizer este enigma?

DANIEL
Há oito dias que este homem foi trazido aqui com os olhos vendados; deixei-o naquela cela onde há pouco o fui encontrar. Diz que trabalhou sem descanso em uma cava onde não penetrava a luz do sol; uma lâmpada o esclarecia.

FR. PEDRO
Ah! já compreendo o mistério. Samuel quis prevenir uma traição.

DANIEL
Bem vedes que tenho razão.

FR. PEDRO
Ainda assim, não deves matar este infeliz.

DANIEL
Ei-lo aí; perguntai-lhe.

Cena VII

Samuel, Fr. Pedro e Daniel

Fr. Pedro
É verdade, meu amigo?

Samuel
O quê, frei Pedro?

Fr. Pedro
Destes a Daniel uma ordem severa!

Samuel
Sim!... Dei-a há uma hora. Felizmente ainda é tempo!... Começo a crer que não há necessidade que justifique um crime. A vida da criatura é sagrada; só a pode tirar aquele que a deu. Todo o ouro da terra não paga uma gota de sangue derramado.

Fr. Pedro
(*a Daniel*)
Ouves?

Samuel
Daniel, há algum meio de fazer aquele homem sair são e salvo do convento?

Daniel
Nenhum; todas as portas estão guardadas.

Samuel
Pois então vesti-vos ambos de irmãos leigos e esperai que amanheça: logo que tiverem presos os

jesuítas professos, vos deixarão partir livremente. Acompanhai-o, e persuadi-o a que deixe o Brasil.

DANIEL
Correis um perigo, senhor; não devo abandonar-vos.

SAMUEL
Obrigado, Daniel; ide! (*Daniel sai*) Ordenai que preparem aquele altar, frei Pedro, e mandai-me Estêvão.

FR. PEDRO
Ele não vos quer ver, meu amigo.

SAMUEL
Não lhe faleis em meu nome; dizei-lhe que Constança o chama. (*entra Garcia com Constança adormecida e a deita em um confessionário*)

FR. PEDRO
Esta menina!... Aquela que ele amava?...

SAMUEL
E que ainda ama!...

Cena VIII

GARCIA *e* SAMUEL

SAMUEL
Garcia!

Garcia
Senhor!

Samuel
A desgraça pesa sobre esta casa; mas espero que não vos tocará. Voltai ao Paraguai; e dizei a vossos irmãos que ainda não chegou o momento de reconquistarem a sua independência.

Garcia
Por que não partis comigo? Nós vos defenderemos contra os vossos inimigos.

Samuel
Tenho outro dever a cumprir.

Garcia
Posso salvar-vos ainda!

Samuel
É inútil, Garcia.

Garcia
Duvidais?

Samuel
Não; conheço a vossa coragem; mas ela é desnecessária.

Garcia
Quando devo partir?

SAMUEL

Logo que vos deixem passar. Aproveitai o pouco tempo que tendes para preparar-vos.

GARCIA

Não vos verei mais?

SAMUEL

Talvez no céu.

Cena IX

(Samuel, ficando só, contempla Constança por alguns instantes e ergue os olhos para o altar.)

SAMUEL

Só tu és grande, meu Deus!... E a tua humilde criatura só consegue elevar-se do pó em que rasteja quando contempla e admira a tua grandeza!... Sublime é o teu poder!... O raio que escala as nuvens, a tormenta que revolve o oceano, os cataclismos que mudam a face da terra, não são a mais bela expressão de tua força. É no estame delicado da flor, no grão de areia, no átomo imperceptível, que tu opões como uma barreira invencível à louca vaidade do homem que eu reconheço a tua onipotência! Quem diria que um velho encanecido no trabalho, que a razão exercida no estudo e reflexão, se curvaria diante dessa menina adormecida, revelação grandiosa de tua majestade? Um minuto acaba de riscar do passado quase um século! A alma rebelde e orgulhosa que ousava ler no futuro, prostra-se a teus pés, Senhor, e adora o seu Criador. (*ajoelha-se aos pés do altar; ouve-se o coro dos frades acompanhado pelo som do órgão)*

Cena X

SAMUEL, ESTÊVÃO e CONSTANÇA, *adormecida*

ESTÊVÃO
De joelhos!... Ele!...

SAMUEL
(erguendo-se)
Meu filho!

ESTÊVÃO
Eu me retiro; não está aqui quem eu procurava. Fr. Pedro enganou-me.

SAMUEL
Não te enganou, não, Estêvão. Tua esposa te espera; ela te sorri. (*mostra-a*)

ESTÊVÃO
Ah! Mas que tem ela?

SAMUEL
Está adormecida; daqui a um instante acordará.

ESTÊVÃO
Antes não acordasse... Para falar-me como me falou! Morta eu ainda a amaria; viva... é impossível!

SAMUEL

Constança é pura e inocente; aceitava o amor ilegítimo como um martírio, porque eu lho ordenei em nome de Deus.

ESTÊVÃO

Devia ter repelido semelhante infâmia.

SAMUEL

Depois de a convencer que a sua afeição te roubava a glória e te fazia desgraçado? Era preciso que não te amasse. Uma mulher, Estêvão, sacrifica tudo, menos o seu coração. Mas esquece o passado, e perdoa-me. (*Constança desperta surpresa e ajoelha-se aos pés do altar*)

ESTÊVÃO

Quem me assegura que não me iludis ainda? Que a vossa moral jesuítica não escarnece de mim? Lembrai-vos que há quinze dias consentistes que eu a amasse; e entretanto ontem...

SAMUEL

Ontem eu não sabia que te queria mais do que a um filho! Ignorava esta paternidade d'alma, mais forte e mais violenta do que a paternidade do sangue! A tua dor ma revelou. Hoje sou outro homem; o coração dominou a razão, o revolucionário tornou-se pai!

ESTÊVÃO

Se fôsseis sincero!... Mas como acreditar-vos?

SAMUEL

Ali está um altar. (*vendo Constança*) Tua noiva já despertou; ei-la de joelhos; vem; quero abençoar a vossa união.

ESTÊVÃO

Constança!

CONSTANÇA

Já não me foge, Estêvão?

ESTÊVÃO

Não; tu és minha esposa, Constança. (*ajoelham-se aos pés do altar. Samuel une as mãos de ambos e os abençoa murmurando rapidamente as palavras do ritual:* Ego conjugo vos in matrimonio, in nomine Patris, et Filii et Spiritus Sancti. Amen)

ESTÊVÃO

Meu pai! (*abraça a Samuel*)

SAMUEL

Meu filho! Queria dar-te a glória, preferiste a felicidade.

ESTÊVÃO

Se eu não a amasse!

SAMUEL

Vamos separar-nos, talvez para sempre, meu filho. Quero levar ao menos o consolo de tua afeição.

ESTÊVÃO
Ah! Eu vos amo e admiro! Esquecei um transporte de desespero.

SAMUEL
Esquecê-lo, quando foi ele que restituiu-me a razão? (*a Constança*) Minha filha, os instantes correm; e eu não sei o que Deus em sua sabedoria terá feito de mim antes de uma hora. Ide render-lhe graças aos pés do altar, enquanto falo a Estêvão. Com pouco o restituirei à vossa ternura. Tendes uma existência inteira para amá-lo! (*abraça-a*)

CONSTANÇA
E para venerar o nome daquele a quem devo o meu Estêvão! (*ajoelha-se*)

SAMUEL
Fui um grande pecador, Estêvão; mas quero revelar-te o mistério desta existência que está próxima de seu termo. Vais ler no fundo desta alma, onde até agora só penetrou o olhar de Deus.

ESTÊVÃO
Oh! sim; desejo conhecer a vossa história; ela me ensinará a amar-vos ainda mais.

SAMUEL
Como tu, Estêvão, ignoro de quem sou filho: não tive família; não conheci meus pais; porém nasci no seio desta terra virgem, que me nutriu como mãe; o meu berço embalou-se ao sopro das brisas americanas; os meus olhos abriram-se para contem-

plar este céu puro e azul. Não sei que perfume de liberdade respiram as flores destes campos; que voz solene tem o eco destas florestas; que sentimento de independência excita a grandeza deste continente e a amplidão do oceano que o cinge!... Não sei!... Mas a primeira idéia que germinou em meu espírito de quinze anos foi a emancipação de minha pátria; a primeira palavra que balbuciou a minha razão foi o nome do Brasil, que resumia para mim os nomes de pai, de mãe, de irmãos, de todos esses ternos afetos que a Providência me negara!

ESTÊVÃO
Oh! eu também sentia a mesma coisa, quando contemplava esta natureza esplêndida!

SAMUEL
Não é verdade? Este sol brilhante ilumina a inteligência e dá vôos ao pensamento. Aquela inspiração da mocidade tornou-se uma idéia; a razão apoderou-se dela; e eu, só, sem recursos, sem auxílio, concebi esse plano ousado e gigantesco, que às vezes me fazia duvidar de mim, e que tu chamaste uma loucura!

ESTÊVÃO
Que dizeis, senhor?... Essa revolução...

SAMUEL
Era a independência de nossa pátria!

ESTÊVÃO
Como podíeis realizar semelhante projeto? Era um impossível!

SAMUEL

Houve tempo em que julguei não haver impossíveis para o homem. Era jesuíta professo nos quatro graus; conhecia o imenso poder dessa vasta associação que se estendia pelo universo, prendendo-o por uma teia de vinte mil apóstolos, como um corpo à cabeça que estava em Roma. Podia dirigi-la, se eu quisesse, e fazer dela uma alavanca para abalar o mundo. Precisava porém de estar aqui. O geral Miguel Ângelo Tamburini, a quem confiei a minha idéia, nomeou-me vigário da Ordem, nomeação secreta que foi confirmada por seus sucessores. Com essa autoridade, voltei ao Brasil e continuei a trabalhar.

ESTÊVÃO

E desde então o que fizestes?

SAMUEL

Ides ver. Esta região rica e fecunda era e ainda é hoje um deserto; para fazer dela um grande império, como eu sonhei, era necessária uma população. De que maneira criá-la? Os homens não pululam como as plantas; a reprodução natural demanda séculos. Lembrei-me que havia na Europa raças vagabundas que não tinham onde assentar a sua tenda; lembrei-me também que no fundo das florestas ainda havia restos de povos selvagens. Ofereci àqueles uma pátria; civilizei estes pela religião. Daniel, o cigano, era o elo dessa imigração que em dez anos traria ao Brasil duzentos mil boêmios; Garcia, o índio, era o representante das nações selvagens que só esperavam um sinal para declararem de novo a sua independência. Mas isto ainda não bastava; os judeus, família imensa e proscrita, corriam a abrigar-se aqui da perseguição dos cristãos; Portugal e Espanha pela intolerância, a Inglaterra pelo protestantismo, a França pelo catolicismo, lançariam metade de sua população nesta terra de liberdade e tolerância, onde toda religião poderia erguer o seu templo, onde nenhum homem seria estrangeiro.

ESTÊVÃO
Oh! Eu vos admiro!

SAMUEL
Todos os elementos estavam dispostos; prosseguia na minha obra certo de que, se me faltasse o tempo, tu a continuarias. Em menos de vinte anos o Brasil deixaria de ser uma colônia de Portugal. Eis a missão que te destinava. Deixaste-me só... e estou velho!...

ESTÊVÃO
Oh! Eu vos seguirei!

SAMUEL
(apontando para Constança)
E ela?... (*Frei Pedro à frente da comunidade tem entrado pelo fundo e tomado posição no coro*)

Cena XI

SAMUEL, ESTÊVÃO, CONDE DE BOBADELA, CONSTANÇA, *frades com tochas e soldados, etc.*
(*Dobram os sinos.*)

ESTÊVÃO
(*voltando-se*)

O governador!

CONDE
(*a Samuel*)
Bem vedes que sou pontual.

SAMUEL

Eu vos esperava!

CONDE

Esperastes o pai; mas quem veio foi o juiz. Podeis consumar o vosso último crime; o algoz se prepara para punir-vos.

SAMUEL

Antes de resolverdes o sacrifício do vosso amor paternal tinha eu restituído a Estêvão sua esposa, como agora vos restituo vossa filha.

CONDE
(*vendo Constança*)
Ah! (*recobra-se*) Não; aqui só fala o dever.

SAMUEL

Cumpri-o. Quem vos impede?

CONDE

Miguel Correia? (*aparece o oficial; e a cena enche-se de soldados*)

SAMUEL
Adeus, conde de Bobadela.

CONDE
Onde ides?

SAMUEL
Vou a Roma.

CONDE
Estais zombando!

SAMUEL
Vou a Roma, onde não chega nem o braço de vosso rei, nem a cólera do vosso ministro.

CONDE
Esperais escapar-me, rebelde, depois de terdes ousado conspirar contra o vosso rei? Esperais que vos deixe continuar livremente a forjar nas trevas o vosso plano? Oficial, apoderai-vos deste homem! (*Estêvão quer proteger Samuel com o seu corpo, quando Miguel Correia avança. Samuel porém sobe o degrau do altar*)

SAMUEL
Tranqüilizai-vos, meu filho; o poder de Deus me defende! (*ao conde*) Que quereis de mim?... O frade, o jesuíta?... (*tira o hábito e lança-lho aos pés*) Ei-lo; é um hábito. Podeis rasgá-lo; mas a idéia não morrerá, não! Ela fica plantada no solo americano; cada homem que surgir do seio desta terra livre será um novo apóstolo da independência do Brasil!

CONDE

Impostor!

SAMUEL

Conde de Bobadela, governador do rei de Portugal, eu te emprazo para daqui a um século. À voz possante de um povo saudando a sua liberdade, a tua sombra se erguerá do túmulo para admirar este império que a Providência reserva a altos destinos. Não vês que o gigante se ergue e quebra as cadeias que o prendem? Não vês que o velho tronco de reis-heróis, carcomido pela corrupção e pelos séculos, há de florescer de novo nesta terra virgem e aos raios deste sol criador?... Oh! Deus me ilumina!... Eu vejo!... Além... no futuro... Ei-lo!... Brasil!... Minha pátria!...

CONDE

Soldados!... Prendei-o!

CORREIA

A quem? (*quando o conde volta e vai chamar os soldados, Estêvão e Constança correm a impedi-lo; neste momento abre-se uma porta falsa no altar e Samuel desaparece*)

CONDE

A ele. Onde está?

FR. PEDRO

Deus o sabe!